THE FIRST STEP TOWARDS GLOBAL COOPERATION

海外で国際協力をしたい人のための活動ハンドブック

事前準備から，現地の暮らし，仕事，危機管理，帰国まで

岡本美代子 編著

遠見書房

はじめに

　近年のグローバル化は身近なところにも感じられ，"国際"や"グローバル"というキーワードに魅力を感じて多くの分野で国際協力に関心を持つ人が多くなってきたと思います。現実を知れば知るほど，現代の日本と途上国との格差に気づき驚かされるでしょう。その大きな格差には，もう誰もが無関心ではいられない時代となってきました。国連によって掲げられたSDGs（1章2節1参照）をもとに，全世界の一人ひとりが，また一つひとつの団体や企業が「何かできることを」と考えるようになってきたことは，確かに大きなムーブメントになって世界を変えていく原動力となっています。

　さて，この同じ世界に住む一人である"あなた"は，その抱いた関心をどのような具体的な活動につなげていくのでしょうか？　毎日の生活でエコな工夫をしたり，募金を始めとする積極的な支援活動をしたり，見渡せば多様な活動があります。その中で，実際に「海外（主に途上国）で国際協力をしたい！」という直接的な支援活動を選ぶ人がいます。それを将来的な職業にと希望する人もいます。さらに，日本で培った経験やスキルを海外で活用しようと考えている人もいます。

　本書は，そのように実際に「海外で国際協力をしたい！」と考えている（もしくは，すでに活動をしている）人に向けてのハンドブック（指南書）としています。使命感を持ち健康や体力に自信があり，エネルギーが溢れていることは，ある意味，途上国で活動する必須条件であり恵まれている資質と言えるでしょう。しかしながら，途上国は，決して安全・安心できる生活の場とは言えないことが多くあります。そして支援活動は，危険を冒して行う冒険ではありません。また，そこでの支援活動も複雑で容易ではありません。実際，その支援活動において，何が求められているのかは曖昧で，事前に準備できないものも多くあります。これまでは，とにかく"行ってみて，転び（失敗し）ながら学ぶ"という，体当たりでの活動が多かったと思います。それは，編著者が"行ってみて，転んだ（失敗した）経験をしながら学んだこと"とも重なります。

　本書は，編著者のこれまでの経験をもとに，長年に渡る支援団体（付録参照）への外部アドバイザーを担う中で確信を得たことから構想を得ました。この"転ばぬ先の杖"の必要性の発想が原点となり，海外（おもに途上国を想定）

で活動をしようと志を持つ人への"杖"となろうと試みたものです。編著者の良き理解者である多様な経験を豊富に持つ各々の執筆者からの"想い"と"知識"と"経験"が織り交ぜられた仕様になっています。もちろん，支援活動に正しい"解"（正解）などはなく，その場その場に応じた"解"を探り，決断する時にあなたに寄り添う本になれればと思います。

　本書の使い方として，目次を参考に，関心のあるトピックのページから読み進めてください。基本となるキーワードや内容から素早くアイデアをつかみ，現場で応用する参考になるでしょう。そのため，各トピックは，おおよそ1～2ページに収まるようにまとめられています。さらに詳細が必要な場合は，そのキーワードや巻末にある引用文献・参考資料一覧から検索できるようにしています。本書の特徴でもある20のユニークなコラムでは，同じビジョンを持つ同士としての執筆者達からの経験や想いを"あなた"に伝えるメッセージとして，ほっこりしてもらえると幸いです。

　本書は，実際に海外で活動するための基礎知識をストーリーに沿って紹介する1章から6章と，企業や大学における国際協力の潮流を紹介する7，8章から構成されています。

　1章から6章までの各章の1節にあたる導入部分には，途上国での活動を夢見るイマドキの初心者"里桜さん"を主人公に，彼女が周囲の人々の温かい支援の下に段階的に知識を得て，経験を積み，たくましく成長を遂げる姿を描いています。その各章の導入部分でのストーリーの内容に関するトピックについて，続く各節で取り上げて説明をしています。

　1章では，途上国での活動をするための前提となる知識や考え方について広く概説しています。2章では，初めての途上国への赴任3か月前を想定した具体的な準備として周到にしておきたい知識や考え方，スキルについて概説しています。3章では，初めての途上国への赴任前後を想定した必要な知識やスキルについて例を含めて概説しています。4章では，途上国での具体的な実務としての助成金申請，月例報告書作成やプロジェクト運営について概説しています。5章では，途上国（現地）の事務所を本部がどのように後方支援するかについて危機管理や資金集め，リクルート，報告書のとりまとめを含む広報活動などの多彩な活動について概説しています。6章では，プロジェクトの終盤の実務としての引き渡しの方法や事務所の仕舞い方について概説しています。

　続いて，7章では，企業の途上国への国際支援・協力に関する近年の潮流，

必要な知識やコツ，支援団体とのコラボレーションの例を紹介しています。8章では，大学での途上国を含むグローバルな視点での教育について，近年の潮流と先進的な例の紹介をしています。

　なお，付録には，本書を作成するうえで，ご協力をいただいた支援団体の紹介を載せてあります。本書のトピックは，この団体を通じたネットワークから関わりのある方々に執筆を依頼しました。本書の趣旨にご賛同いただき，快く協力をいただけたのも日頃の支援団体と執筆者の皆様との信頼関係の賜物だと感謝しております。巻末には，簡単ではありますが，執筆者情報一覧を掲載しています。

　編著者の専門分野が保健医療分野であるため，外部アドバイザーとして関わる支援団体のプロジェクトは，東南アジア地域での保健医療のトピックを主に取り扱っています。そのため，事例などが東南アジアの保健医療関連に多少偏りがあることは否めません。しかし，多様な分野の経験を持つ各々の執筆者に協力を得たことで，多くの分野の方々が読んでも通用する内容に仕上がったと思います。

　本書を手に取られた方々に，協力していただいた執筆者の皆さん，支援団体，そして編著者の真摯な"想い"が届きますように。そして，読者を含む世界中の一人ひとりの"想い"がつながることで，世界が平和で格差の無い時代がやってくることを願っています。

編著者

刊行によせて

　私どもピープルズ・ホープ・ジャパン（以下，PHJ）は，東南アジア諸国の農村地域を中心に健康・栄養・教育などの社会課題に取り組むNPOとして20数年の歴史を持つ団体であります。本書の編著者である岡本美代子先生には，国際保健医療分野のプロフェッショナルとしてその専門知識と現場経験を踏まえた実地指導や助言，さらにはPHJの運営委員として長年にわたり貢献頂いております。

　本書は，海外で働きたい人達，特に若手人材を対象に開発途上国での国際協力活動の実際の経験から，そのノウハウを具体的に提示しています。始めからベテランになれる人はいません。そのため，経験がなくとも理解しやすい指南書という位置付けになっております。国際協力に関する書籍・文献は数多くありますが，支援地域における活動を現場の視点で具体的に示したものは多くありません。是非，本書を参考にグローバル課題に対応できる人材となれるよう成長して欲しいと願います。

　本書の事例は保健医療分野中心とはいえ，多様な分野の方々の経験を生かしたものであり，十分理解と共感を得られる内容だと思います。本書の活動事例では，私どもPHJの現在のスタッフ及びOB/OGに快く協力をして頂き，PHJを広く知って頂く機会としても一翼を担えたことに対し御礼申し上げる次第であります。

　PHJの活動は，一般企業同様VisionとMissionがあり，運営はPlan-Do-Check-ActionのPDCAサイクルを回すことで成り立っています。これには，支援の場である現地と本部の連携による密なコミュニケーションが欠かせません。現地には若手人材，本部には大手企業でのマネジメント経験が豊かなシニアに加え，海外駐在の経験がある専門職の人材がいることは，PHJの強みであり，確かな成果を生み出す鍵となっています。

　近年では，専門性を持った人材が求められていますが，社会貢献活動に理解と情熱を持つ人々の集団でありたいと思っております。その意味でも，本書がPHJのような支援団体や国際協力に関心を持つ次世代の若手人材の活性化に役立ってくれると信じています。

　新型コロナウィルスの全世界での感染拡大は，日々の暮らしから働き方まで

変えてしまい，インフラとしての社会・経済活動が再び元に戻ることのない大きな変化をもたらしています。このような時代だからこそ変化に合わせた柔軟な対応力が問われているのだと思います。特に本書の対象読者である若手人材には，強みである柔軟性や鋭い感性をグローバルな現場で生かして活躍されることを期待しています。

2021 年 8 月
特定非営利活動法人　ピープルズ・ホープ・ジャパン
理事長　小田晉吾

目　　次

△ 命にかかわる情報
☞ 仕事に役立つ情報

第3章　途上国への赴任……73

海外で国際協力をしたい人のための活動ハンドブック

——事前準備から，現地の暮らし，仕事，危機管理，帰国まで

第1章	海外で活動したい！

1節　自分も海外で活動できるのかな？〈ストーリー1〉

i) 途上国への想い

　里桜さん（25歳，女性，関西出身）は，現在，都内の国際系の大学院の1年生。小学生の頃，「アフリカでは，多くの子ども達が飢えにより5歳を迎えるまでに死んでしまう」という話に感化され，将来は世界の子ども達を救う仕事に就きたいと思うようになった。

　もともと，社交的でおしゃべりが好きな里桜さんは，大学の英文科に進学し，いろんな国から来た留学生達と「もっとしゃべりたい！」と，英語や英会話の学習に力を注いできた。大学2年生の夏休みに，米国から来た留学生に誘われフロリダ州マイアミ市にある彼女の自宅にて1か月間ホームステイを経験したことは，英語でのコミュニケーション能力のみならず，多様な移民が住む街での暮らしを楽しむことができる感性を培う機会となった。

　大学卒業時は，就職か進学かで迷い，周りの友人や大人の意見を聞きつつ社会人の道に進んだ。特にこだわりなく選んだ会社は，自分の好きなブランドの洋服の店頭販売を担うアパレル系であった。その会社は，アジアの子ども達へ古着を届けるイベントを定期的に企画していることもあり，イメージが良かった。しかし，2年目にして店長の責務が与えられ，成果としての売り上げを求められることや得意な英語が活かせない日常に，「自分の本当にやりたいことは？」と自問する日々に陥

り，退職を選んだ。そして，小さい頃から抱いていた，「世界の子ども達を救う仕事」にチャレンジしたいと奮起し国際系の大学院に進学した。

ii）海外で活動することを夢に描きながら

大学院では，国際協力の現場で活動するための基礎知識を身につけた。これまで憧れだけだった国際協力について，基本となる近年の国際協力の潮流や共通の理念と課題を学んだ。これにより，各国の多くの分野との協働に欠かせない共通概念を得ることができた。途上国にはいくつかの種類があることも，統計・指標の数字が何を意味するのかも教わった。数字を理解すればするほど日本との格差に不公平さを覚え，自分と同じ女性として生まれることが健康リスクになることには本当にショックを感じ，社会正義について考えるようになった。自分が描いていた無邪気な国際協力への夢の裏側に，何か暗く，混沌としたものが隠れている気がした。

大学院入学後，1 年が終わろうとしている。そして，就職活動をするうえで，今度こそ「自分の本当にやりたいことは？」の問いへの答えを見つけたいと思っている。自分も海外で活動できるのかな？　そして，途上国で活動する目的について，少し心を落ち着けて考える必要があると思った。国際協力のあり方とは？　何のために活動するのか？　自分が満足したいという欲求を満たすために子ども達を利用するのだろうか？

里桜さんは，大学院の岡本先生に相談することにした。先生は小柄で一見大人しそうな風貌のどこにそんなパワーが秘められているのか不思議なくらい，いつもヒョウヒョウとしている。地球の果てのような世界での実践や専門家としての経験話などを面白く織り交ぜながら授業を展開する。そして，口癖のように「やってみんとわからへんよな〜」と関西弁で意味深なメッセージを残す。その関西弁になんとなく同郷の親しみを覚えて，勇気を出して初めてアポイントメントを取った。恐る恐る相談すると「インターンシップに行って現場を肌で感じてみれば〜」と，ほんの 1 分で解決策を出されてしまった（意外とあっけなかった）。

紹介されたインターンシップ先は，国際協力 NPO の東京本部（事務所）であった。そこで，実践家である好美さんに出会った。好美さんは，偶然にも同じ大学の同窓生だった（好美センパイと呼ばせてもらいます！）。そこでは，活動する場所としての組織や立ち位置（実践家か専門家）について，また日本人が海外で活動する際に気を付けたい，外部者としての視点について教えてもらう

こととなった。

2節　国際協力の現場で活動するための基礎知識

1）国際協力の潮流

【Keywords：国際連合，ミレニアム開発目標，持続可能な開発目標】

i）国際協力の潮流

　基礎知識として，まず国際協力の近年の流れをおおまかに理解することは初めの一歩である。それには，**国際連合**(United Nations: UN "**国連**")，そしてその具体的政策として，**ミレニアム開発目標**(Millennium Development Goals: MDGs)，さらにはその後継である**持続可能な開発目標**（Sustainable Development Goals: SDGs）の理解は欠かせない。近年の途上国支援では，国連が掲げる目標の共通認識のもと，国際機関，各国政府，民間支援団体，民間企業，市民一人ひとりが足並みを揃え国際協力を実践している。

ii）国際協力の現場で外せないキーワード

　1945年に世界平和と社会発展のために協力することの誓いを記した**国際連合憲章**[1]を掲げて**国際連合（国連）**が設立された。1956年に日本は加盟国となり，現在では193の加盟国がある[2]。国連の機能は，総会，安全保障理事会，事務局など6つの機関と国連教育科学文化機関 UNESCO や世界保健機関 WHO などの15の専門機関や基金などがある（図1）。日本も，1949年より15年間，国連児童基金（UNICEF）より食料援助などを受けた[3]。

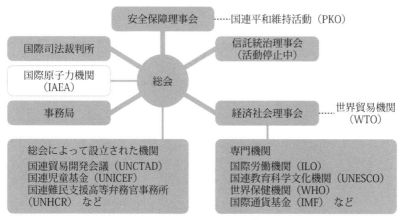

図1　国際連合の組織[4]

　1980 年代からはグローバル社会における市場経済志向が広まり，途上国での貧困が拡大していった。国際社会で解決すべき 8 つの共通目標として，2000 年にミレニアム開発目標（MDGs）が国連で採択された[5][6]。結果，貧困削減や初等教育普及には一定の成果を見たが，母子保健やジェンダー平等などの分野では目標達成されず，地域により改善に差があったことが課題として残された。

　地球資源の消費増大をしてきた世界経済の『成長の限界』（メドウズら，1972）[7] を根底に，MDGs の成果を受け継ぎ，残された課題を解決するため，2015 年には持続可能な開発目標（SDGs）が採択された。持続可能な開発，平和構築，環境保護などを統合した 17 のゴールがある[1]。SDGs への取り組みは，"誰も置き去りにしない（no one will be left behind）" ために途上国を含む全ての国，地域，民間企業，市民が当事者意識を持って行動することである。

2）途上国と政府の国際協力のカタチ

　　【Keywords：先進国，開発途上国，政府開発援助】

i) 国際協力の対象となる国々と政府の国際協力

　国際協力の対象となる国々について，整理しておこう。まず，先進国と途上国[(注1)] について知る必要がある。また，"誰も置き去りにしない" ためには，後発開発途上国も知っておく必要がある。

ii) 先進国と途上国

　先進国（developed countries）とは，主に経済協力開発機構（OECD）に加盟している 35 か国のことを指しており，日本も含まれる[1]。開発途上国（developing countries）とは，OECD により 3 年毎に分類される高所得国以外の国[2] とされている。その中には，国連が認定している特に開発が遅れた国としての後発開発途上国（Least Developed Counties: LDCs）が含まれている。当該国の同意に基づき現在の LDCs リストには，アフリカ，アジア諸国を中心に 2021 年現在 46 か国が挙げられている（図 2 参照）[3][4]。この認定により，優先されるべき支援対象国として各国や各団体から認識されている。

iii) 政府による国際協力

　各国の政府レベルによる公的な国際協力活動のことを，政府開発援助（Official Development Assistance: ODA）と呼ぶ。先進国からのみならず，途上

（注1）　正しくは，開発途上国。本書では，堅苦しくならないように以降，「途上国」を開発途上国の意味で使用する。

図2　後発開発途上国のマップ[4]

国からの自然災害や治安維持における支援や人材派遣などもあり，国家間の関係性の枠組みの中での活動である。

　日本政府のODAは，政府開発援助大綱（ODA大綱）[5]に基づき，主に開発途上地域の開発を目的とする政府と政府関係機関による国際協力活動とされ，平和構築やガバナンス（注1）のための制度構築や支援，基本的人権の推進，人道支援なども含められている。援助対象国と日本との**二国間援助**，WHOなどの国際機関への拠出金を通じての援助である**多国間援助**がある。二国間援助の実施組織は，**独立行政法人国際協力機構**（Japan International Cooperation Agency: JICA）[6]である。

3）主な指標と読み方のコツ

　　【Keywords：GNI per capita，平均寿命，妊産婦死亡率，5歳未満児死亡率，死因順位，識字率】

i）途上国の情報と国際協力分野のリテラシー

　世界中の情報（指標）は，誰もがすぐにネット上で検索できる。情報は，活動する国の概況を知るために，そしてこれから彼の地で活動する自分のために必要である。しかし，あふれる情報をどう扱うかには，コツが必要である。情

────────────

（注1）　ガバナンス：統治の意味であり，国・地方を治め安定させることである。

報を見る時には，出典はどこか，何年のものか，そしてどう解釈するかなど，ある程度の国際協力分野のリテラシー[(注1)]が必要である。途上国では情報収集方法がさまざまで，先進国並みの情報の正確性に捉われず全体を見渡し，把握する必要もある。以下に国際協力活動をするうえで有用な，基本的な指標の種類を挙げ，読み方のコツを示す。

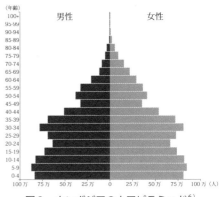

図3　カンボジアの人口ピラミッド[6)]

ii) 基本的な指標の種類と読み方のコツ

- 政治経済指標 [1) 2) 3)]：一人あたり**国民総所得**（Gross National Income: **GNI per capita**）はその国の経済力を表し，その国の主要産業と関連している。また，**国の歳出割合で教育や保健への歳出**（Total expenditure on health/education as % of GNI）を見るとその国の社会福祉への関心や経済的余裕が見えてくる。その他，各分野への歳出割合により発展度が計り知れるだろう。

- 人口指標 [2) 3)]：人口ピラミッドの形状からは，その時代における男女比や人口増減，経年変化の状況（例えば紛争が勃発すると男性戦死者が増加し，人口の男女比がいびつになり，しばらく出生数が減少する）などが一目で見て取れる（例として図3）。**平均寿命**（Life Expectancy at birth: LE）の長短では，“平均”の算出特性上，多産多死（乳幼児の高い死亡率を意味する）があれば低値になることにも注目する[(注2)]。死亡に関して，とくに**妊産婦死亡率**（Maternal Mortality Ratio: MMR），**5歳未満児死亡率**（Under5 Mortality Rate: U5MR）では，その国のさまざまな社会開発状況が弱者にどう反映されたかを知るうえでも重要な指標である。

- 保健指標 [2) 3) 4)]：国別にみた**死因順位**（cause of death ranking）の1位から

（注1）　リテラシー：的確に情報を選択し，理解し，使いこなすこと。
（注2）　WHO2018統計で平均寿命が最下位のシエラレオネの値は53歳であり，全ての住民がそれまでに亡くなる短命でなく，0歳児の赤ちゃんが多く生まれ多く死ぬために，全人口における平均値が下がる。（例：0歳で亡くなる者と100歳で亡くなる者との平均寿命は，50歳）

20

　5位までを見ると，その国で悩まされている病気を知ることができる。比較的治療が複雑で費用もかかる，がん，糖尿病，心臓・脳・腎臓などに関する非感染性の病気（Non Communicable Diseases: NCD）が多いのか，比較的治療が容易な感染性の病気（Communicable Diseases: CD）が多いのか，あるいは両方が混在するのかによって，その国の保健行政の力を窺い知ることができる。

・ **教育指標**[5]：日常生活で使う言語を読み書きできる能力を**識字率**（literacy rate）で知ることができる。加えて，**小学校 / 中学校の就学率**（primary/ secondary school enrollment rate）で基本的教育の状況を窺い知ることができる。さらに，それらの**男女比**（Gender Parity Index: GPI [注1]）を見ることで社会的文化的なジェンダーバランスを窺い知ることができる。

・ **文化民族指標**：住民の**主食**や一般的な食事メニューを知ることで，栄養や体型，健康リスクが窺える。**宗教や民族，使用言語の分布**を知ることで，文化特性のある生活習慣やタブーについてあらかじめある程度把握できるだろう。マイノリティーの分布状況なども把握することで取り残されているグループがないかどうか確認することも重要である。

・ **インフラ指標**：**水道・トイレの普及率**は衛生環境と密接しており健康への直接的な影響が窺える。**電気・インターネット・携帯電話の普及率**は，現代では欠かせない通信や産業発展，生活の質に影響を与えるものである。

・ **地理指標**：**地形や水脈**などは歴史や近年の出来事と併せて知っておくと自然災害を想定するのに有用である。また途上国で活動する者として，**平均気温や雨季や乾季などの季節性の気候変化**によるデング熱などの感染症の流行や，**標高**に影響する高山病などは，生死にかかわる健康上のリスクになることもあるので対策が必要である。

4）社会構造が生み出す健康格差
　　【Keywords：健康の社会的決定要因，健康格差，社会正義】
　i）社会構造が生み出す健康格差
　どこで生まれるかによって，命の長さや与えられる機会が異なることに気づいているだろうか。世界・国・地域レベルにおけるこれらの格差は，経済力，権

（注1）　総就学者数ジェンダー平等指数（GPI）：男子の総就学者数に対する女子の総修学者数の割合で，指数1ならば男女比が1:1であることを意味する。

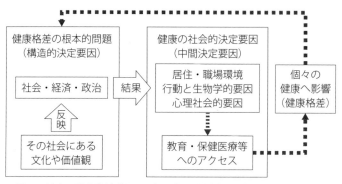

図4　健康の社会的決定要因（SDH）と健康格差（WHO, 2010 を改変）

力, 物資及びサービスの不平等な分配によって形作られ, 個々の健康や命にまで影響する。この構造的な問題は, "健康の社会的決定要因"（Social Determinants of Health: SDH）[1][2]と呼ばれ, 健康格差を生み出す根源とされている。この格差の解消は, SDGs の土台の一つである。

ii）健康の社会的決定要因（SDH）

　健康格差の根本的問題には, （図4）の最左側に示されるとおり, 個々の努力ではどうすることもできない構造的決定要因がある。これらの結果として生じる生活環境, つまり居住・職場環境, 教育や保健医療などへのアクセスの中間決定要因が, 最終的に個々の健康格差へ影響している。SDH を提唱したマーモット医師によると, これらの健康状態の不平等は, 回避できる差とされている[1]。2005 年に WHO に設置された委員会では, 全ての政府, 市民社会や国際機関が連携し, この一世代において全世界の人々の健康の公平性を達成することが可能であり, 社会正義であるとしている[2]。

5）公平性と公正性

　　【Keywords：公平性, 公正性, 全ての人々に健康を, 万人のための教育】

i）全世界での社会正義の実現に向けてのアクション

　全世界の人々の格差を解消し公平性を達成するといった社会正義は, どの国においても "主人公は, 住民自身であること" を目指している。1940 年代には, WHO 加盟国により合意された "全ての人々に健康を（Health for All）" に端を発して, 1970 年代のアルマ・アタ宣言によりプライマリ・ヘルス・ケア（Primary Health Care: PHC）が提唱された（ボックス1）。さらに, 1990 年に

ボックス1　プライマリ・ヘルス・ケアの5原則[1]

①「外」からの押し付けでない，住民自身のニーズに基づく

②地域にある社会資源（人や物）の有効活用

③住民参加

④保健・農業・教育・建設・水利・通信・メディアなど多分野間の協力・協調

⑤地域の人々が使いこなせる適正技術

UNESCO 加盟国により合意された "万人のための教育（Education for All）" など，グローバル社会は，確かに公平性と公正性に向けて行動してきた[2]。

　基本的な医療保健サービスや初等教育を始めとした教育の機会への平等なアクセスは，政治的意思（commitment）と行政サービスに影響される問題である。一般的に，貧しい人々の声は届きにくく，格差が社会問題として十分に認識されていないことが多い。これは，2015 年国連で採択された持続可能な開発目標（SDGs）において，"誰も置き去りにしない" という想いにつながっている（1 章 2 節参照）。

　これは国際的な連携によって政治を変えようとする挑戦である。最も支援ニーズが高い貧困層や低い社会的地位・教育の機会が得られない人々（少数民族，スラム住民，難民，女性など）を対象にした国際協力活動が効果的に実施できれば，（『健康格差』の著者である，マーモット医師の言葉[3]を参考に，何かやれば，もっとやれば，もっと上手くやれば）貧困は改善できるはずである（1 章 2 節 4 参照）。

　6）ジェンダー

　　【Keywords：ジェンダー，性感染症，ジェンダーに基づく暴力】

　i）ジェンダーと格差

　"性（別）" は，生物学的な "性（sex）" と社会的・文化的に作られる "性（gender：ジェンダー）" の 2 面からとらえることが重要である[1]。特に伝統的な社会においては，その社会における "男らしさ"，"女らしさ" の態度を求められると同時に，性別により役割を制限されることが多い。男尊女卑の考え方がある地域では，"女性として生まれること＝健康リスク" という現実がある。

ii）女性として生まれること＝健康リスク？

　女性は，生物的要因として，月経による貧血症や**性感染症**（Sexual Transmitted Infections: STIs）にかかりやすい特徴がある。また，途上国においては妊娠・出産に関連する死が，女性の死因の第2位となっている[2]。社会的要因として男性が優遇される伝統的な社会では，男児と比較して女児には短い授乳期間，少ない食事があたりまえとなる。女性が異性への肌の露出を避ける文化では，病院へのアクセスや安全な施設での出産の選択など受診行動が制限される。さらには，途上国の多くの女性たちは男性よりも教育機会が乏しく経済的自立が困難であること，宗教や慣習的な制約などの要因によって，政治力，発言力も極めて制限された状況にあることが多い。

iii）ジェンダーに基づく暴力（Gender Based Violence: GBV）[3] [4]

　ジェンダーに基づく暴力とは，ジェンダー規範と不平等な権力関係に根差し，個人の意思に反して行われるあらゆる行為をさす[5]。女性や**多様な性を自認するLGBTQs**が被害者となることが多いが，男性を含む全ての人を対象に使われる言葉である。売買春や児童婚，人身取引，レイプ，ドメスティック・バイオレンス（Domestic Violence: DV）などの深刻な被害におびやかされる。また，**女性性器切除**（Female Genital Mutilation: FGM）など，伝統・文化に縛られたジェンダー観に基づく暴力が社会問題となっている。

7）人権と倫理

【Keywords：人権，倫理】

i）人権（human rights）

　国際条約や協定では健康や教育，情報や安全な暮らしを得ることは，基本的な**人権**であると認識されている。貧困，偏見，差別などによってこれらが侵害されることは基本的人権が満たされない状態である。格差の問題は人権の問題であり，国家間の格差や国内格差などさまざまなレベルで現れる。紛争や災害などによって暴力的に奪われる人権もある。

ii）倫理（ethics）

　"人として守り行うべき道"のことを**倫理**という[1]。貧困層など社会的弱者を対象にすることが多い国際協力の現場では，各個人の人権を守り，参加を排除あるいは強制することがないよう配慮しなければならない。

iii）倫理規範の発展と活動への適用

　医学分野では，過去の非人道的な人体実験の反省から，明確な倫理規範が発展してきた。1979 年のベルモント・レポートで "人格の尊重"，"善行"，"正義" の3点が基本的倫理原則として挙げられている[2]。医学の進歩のためであっても "誰のための研究か"，"誰にも害を与えないか" を厳しく問う姿勢と公平・公正を意識した誠実な研究方法の選択が必要とされる。これは，社会研究や国際協力の実践にも同様のことが言える。

　近年の新型インフルエンザや新型コロナウィルスといった新たな感染症への対処に際しても，個人の自由や権利の制限をどこまで認めるかといった異なるタイプの倫理上・人権上の問題が生じている。さらに健康に関連する問題だけでなく，経済開発では現地住民が経済面で搾取や不利益を被るケースも多い。国際協力に携わる者として現実に人権侵害されている人たちが，介入によって，あるいは介入がないことによって直面する問題を十分に考慮し細心の配慮をすることが重要となる。

3節　国際協力活動をする立ち位置

1）3つの立場

　　　【Keywords：ボランティア，実践家，専門家】

i）どの立ち位置で活動するか

　国際協力活動をする場合，シンプルに分けると3つの立ち位置がある。ボランティア，実践家，専門家の3つである[1]。それぞれの立ち位置で活動がどう違うのかを吟味してみるとよい。自分がやりたいもの，目指したいものが見えてくるだろう。

ii）ボランティアとして活動する

　ボランティアとは，奉仕の精神で自分の空いた時間を提供し，自分ができること見つけ行う，尊い活動のことである。個人的にも組織的にも国内外で活動できる機会がある。自主的な活動である反面，事故やケガなどの自己管理や安全管理上の自己責任も問われる。国際協力活動をする組織（1章4節参照）によっては，ボランティアと称して募集し，必要経費や補償などは組織が負担する場合もある。

iii）実践家として活動する

　ここでの実践家とは，基本的には国際協力活動を実施する組織に属し，プロ

ジェクト（事業）の管理・運営を職業とする者である。役割や責任が明確で，多くは国内外を問わず給料を得て活動する。組織によって，どのような人材を求めているかを明記したうえで募集をしている。

iv）専門家として活動する

ここでの専門家とは，国際協力活動に関する何らかの専門的知識や技術・スキルを有する者である。豊富な実践経験や国家免許などの所持者，さらには分野に精通した研究職であることもある。専門的視点からのアドバイスなどを短期的，中長期的に関わりながら提供する。組織によって，どんな専門家を求めているかは，その活動の進捗や内容により異なるため必要に応じて要請されることが多い。

2）外部者としての視点
【Keywords：カルチャーショック，オーナーシップ，サステナビリティ】

i）異文化からの訪問者として

国際協力の活動をする者は，常に**外部者**としての立場を意識する必要がある。外部者とは，外国人のことを指す場合が多いが，同じ国の他地域から来る人も異なる文化圏や政治的・経済的背景を持つ場合は，外部者，つまり異文化からの訪問者として対象地域に存在することになる。対象地域の文化に触れた経験が浅い外部者は，自文化のレンズを通してその文化を見ているため，内部にいて文化を実践する人とはとらえ方が異なる[1]。このような外部と内部の視点のズレがあり，文化の意味を内部者の視点で理解しようとすることが重要である[2]とあらかじめ意識しておくと，文化の差異についても興味をもって対応できるだろう。

外部者として慣れない土地で暮らし始めると，見るもの聞くこと全てが珍しく新鮮な驚きである**カルチャーショック**（culture shock）を経験する。しかし，次第にネガティブなカルチャーショックを感じる出来事にも出会い，その土地の文化や人が嫌いになることがある。また，その時期を超え文化や人に馴染むといつの間にか同じ振る舞いをする自分に気づくだろう。そして郷土愛が生まれるものである。外部者として，その土地の文化や人々に対する好奇心は失わないように努めたい（2章2節5参照）。

ii）外部者は，"**いつかは居なくなる存在**"

先進国から来た外部者は，途上国には多くの不足があることに気づくだろ

う。そして，自国の基準から見たその不足を埋めるところにニーズがあると考えるかもしれない。**外部者**は，現地のしがらみや政治状況に捕らわれずに状況を分析できる利点がある一方で，外部の先進性を対象地域にそのまま持ち込もうとする傾向がある。しかし，そうなってくると現地側の**オーナーシップ**（ownership）(注1)を奪うこととなる。外部者は“いつかは居なくなる存在”であることを念頭に，現地の当事者が発信するニーズを尊重すべきである。外部者の利点を生かしつつも，現地の人と協力して現地ニーズを尊重したすり合わせを行うことで，**サステナビリティ**（sustainability：持続可能性）のある活動へとつなげられるのである。

Column 1　専門家の勘違いにつけるクスリ？

　人々の生活をとりまくあらゆることが発展途上である国であればこそ，特定分野だけでは解決しないことが多くあります。例えば，現地の健康問題を保健・医療分野のみの因果関係で論理的に説明しようと頭カチコチでいると，すぐに行き詰ってしまいます。特に海外からの専門家は，その特定分野の有識者としての助言が，現地の状況に合致するかは不確かであるにも関わらず権威的なパワーを持つことを自覚する必要があります。日本の医療現場の戒めの例え話として使われる，「病気は治ったが，患者は亡くなった」を置き換えるなら，「問題は解決したが，コミュニティの人々は生活できなくなった」のような話なのかもしれません。

　誰の問題，誰の関心かを正しく汲み取ったうえでの助言であることが大原則です。これを外すと，相手から不満が噴出し助言が受け入れられないという事態（つまり，いいクスリ）になるかもしれません。専門家の主な役割は，専門的情報をわかりやすくかみ砕いた表現に置き換え，多くの分野から出される現地の人々の課題を議論のテーブルに載せること，そして現地に存在する解決策を見出すために一緒に考えることだと理解できたら，対等なパートナーシップが育っていくことでしょう。

（岡本美代子）

(注1)　オーナーシップ：誰かの支援を待つのではなく，主体的に課題に取り組む姿勢を指す。

4節　国際協力活動をする組織

【Keywords：政府機関，非政府組織，国際機関，民間営利企業，教育研究機関】

　国際協力活動を行っている組織はさまざまな形態・業態がある。それぞれの組織には，固有の理念（ビジョン：vision）や使命（ミッション：mission）があり，それに沿った支援目的や限界がある。そして，そのことを理解しないままに入職すると，必ずしも自分が希望している活動ができないこともありうる。例えば，大きな組織に所属しているのであれば，途上国で直接支援活動を行う部署ではなく，後方支援を担う部署へ配属されることもある。

　自分はどのような国際協力活動を希望しているのかを明確にしたうえで（1章3節1参照），さまざまな組織やその特徴を事前に知っておくと今後の進路を決定する際の参考になるだろう。また，**インターンシップ**[注1]などを通じて実践レベルで職務を経験しておくことは実際にポストに応募する時に役に立つ。以下に主な組織とその特徴を紹介する。

　i）政府機関・独立行政法人[1) 2)]

　日本の**政府機関**として外務省の政府開発援助（ODA）の一環である二国間援助を担う組織として，独立行政法人国際協力機構（JICA：1章2節2参照）がある。公的資金（つまり，税金）を使用するため，その支援目的は，日本政府の外交政策や方針を色濃く反映する。

　ii）非政府組織（NGO）・非営利組織（NPO）[3)]

　民間組織としては**非政府組織**（Non-Governmental Organization: **NGO**）がある。NGOは，日本を含む多くの国で組織され国際支援活動をしている。本部が外国にあるが，日本に支部が設置され，日本の民間組織と同様にさまざまな活動を推進する組織もある。また，日本独自の**非営利組織**（Non-Profit Organizationもしくは Not-for-Profit Organization: NPO）として法人登録された組織がある。**公益財団法人，公益社団法人**や**特定非営利活動法人**（NPO法人）が該当し，一方で法人登録せずに支援活動を行う**任意団体**もある。日本の法人登録しているNPO法人は2021年現在5万団体以上あり，そのうち国際協力に携わる組織は9千団体以上ある。これらの組織には，各々が掲げている理念・使命に特徴が

――――――――――――――――――――――――――――――――――
（注1）　インターンシップ：学生などが一定の期間，実際の職場を体験すること。業界や職場理解が主たる目的で，説明を受けるだけでなく，簡単な業務や課題を実施することもある。

あり，支援目的に反映されている。運営資金は，主に個人や団体からの寄付金や公的助成金などを活用し，その資金を元手にプロジェクトを実施している。

iii）国際機関（International Organization: IO）[4]

国際連合（国連）の理念のもと，さまざまな国際機関が設立されてきた。その中に開発協力に専門的に取り組む機関がある。子どもの命と権利の擁護と支援に特化した国際児童基金（UNICEF），保健医療を扱う世界保健機関（WHO），開発問題を扱う国連開発計画（UNDP）のように，環境問題，女性問題，難民問題，人権問題など世界のさまざまな課題解決に向けて明確な目的をもって組織化されている（1章2節1参照）。そこでは，大勢の専門家やスタッフが働いている。主な運営資金は国連加盟国からの拠出金・出資金である。

iv）民間営利企業

近年は民間営利企業でありながら，企業の社会的責任（Corporate Social Responsibility: CSR）や共有価値の創造（Creating Shared Value: CSV）の推進を目指し，途上国の社会的課題に取り組む企業がある。CSR とは企業の収益活動から生まれた利益を途上国の福祉増進のための資金にすることである。CSV はそこから一歩進んで，企業の収益活動そのものが途上国の資源を搾取せずに福祉増進につながることを目指す（7章参照）。

v）教育研究機関

国内外で活躍できるグローバル人材の育成に向けて，UNESCO，文部科学省，産学連携による教育研究機関の動き[5]が活発となっている（8章参照）。また，UNESCO の Education for Sustainable Development（ESD）は，SDGs の達成に向け持続可能な社会作りの担い手を育む教育が実施されている[6]。

5節　国際協力活動をする目的

【Keywords：国際協力観，救世主症候群】

i）自分は何のために国際協力活動をするのか？ に向き合う

自分は，何のために国際協力活動をしようとするのだろうか？　今一度立ち止まり，自分の根底にある考え方の土台を明確にし，自分なりの"国際協力観"を育んでおこう。自分の真の目的は何か，熱意だけに頼らず，時には冷静に立ち止まれる自分がいるだろうか。

ii）国際協力観とは

国際協力観とは，造語であるが，ここでは国際協力をするうえでの価値観（自

分なりの物事の見方）という意味で使う。現実社会には絶対的な正解も不正解もないが，多様な価値観が混在する現場で，軸としての自分なりの価値観を持っておくことが大事である。この価値観が「自分は何のために活動をするのか（目的）」を方向付ける基礎になる。迷う場合は，経験者の書籍や実話を参考にすることをお勧めしたい。そして，その価値観は他者から影響を受け，**切磋琢磨**させていくものである。自分なりの "国際協力のあり方" を見出すために費やした時間が自分を育てる栄養となる。

iii）自分は何のために活動するのか？（真の目的は何か）

目的とは，活動の目指すところという意味がある。ここで「人々を救うために」という目的を例に挙げてみよう。自分が漠然と救いたいという意志はあっても，果たして相手側は，救ってもらいたいと思っているのだろうか？　活動が一方的な押し付けとなる自己中心的なものでは，相手側に受け入れられず追い出されるだろう。

過度な理想主義に走る**救世主症候群**（messiah complex）に当てはまる人がいる。まるで救世主（メシア）のように，"困っている人を救うために"，"世界中の人を幸せにするために" と理想だけで突っ走る場合は要注意である。現実的に物事をとらえず，"自分への劣等感（自信が持てない）" と，"現状に対する不満や逃避" などのコンプレックスが背景にあり，その反動が理想に走る行動となる。無意識かもしれないが，自信をつけたい，尊敬されたい，認められたいと自分の欲求を満たすことが動機となる。

一歩踏み込んで考えてほしいのは，まず自分が目的とする活動は，そもそも相手側が望むものであるかどうか。そして，相手側が望む活動に対して具体的に成し遂げられる能力があるかということである。つまり，何を目的にどんなことが自分にはできるのかを具体的に考える必要がある。

iv）何事も自分ひとりでは完結しない

自分のことを常々よく理解し心配をしてくれる大切な人々について想いめぐらせてみよう。自分が目指す活動について，その人々に説明することができるだろうか。そして良き理解者となってくれるだろうか？「どうせ理解されないから」と躊躇して説明できないでいるのなら，それは自己中心的で独りよがりな目的であることを否定できない。国際協力の分野において "**何事も自分ひとりでは完結しない**" ことを自覚しておくことは，客観性を保つための基本である。たとえ否定されることがあっても，相手の理解を得るために繰り返し努力

できるだろうか。柔軟性を持ちつつ，自分の考えを受け入れられるにはどうすればよいかを試行錯誤する経験をしておくことは，これから未知の国で出会う人との協力活動において重要な意味を持つ。

v）国際協力とは，"人を大切に想う気持ち"がつながっていく活動

　自分の活動を心から理解してくれる人々が周囲にいることは，自分の応援者を得ることでもある。困難な時に孤立せず，相談できる応援者のネットワークを持っておくことはとても重要である（2章3節7参照）。自分が大切に想う人々の存在は，自身を大切に想うこと，また連鎖のように一緒に活動する誰かを大切に想うことにつながる。これから向かう世界は，日本ではあたりまえの快適で便利な生活は望めないかもしれない。また想像もしない現実が待ち受けているかもしれない。しかし，"人を大切に想う気持ち"の連鎖に気付いたなら，困難を乗り越えられる原動力となり，かけがえのない豊かな経験となるだろう。

Column 2　マクロの視点とミクロの視点

　途上国で暮らしながら現地で活動をしている時，ふと"日本人の私は一体ここで何をしているのだろう"と，異質な存在の自分に我に返る瞬間がありました。そして，私が現地に住む外国人であるからこそ持つ2つの視点に価値があると気が付きました。1つ目は"マクロの視点"として，対象地域を国際的な動向や国の政治・経済の変化に大なり小なり影響を受ける地域として客観的にとらえる視点です。このマクロの視点から統計や政策，他国や他組織の経験を取り入れて，最も効果的に問題に取り組む方法を考えることができます。2つ目は"ミクロの視点"として現地の人々の生活を間近にとらえる視点です。現地の人々の文化，風習，ものの考え方，何を好ましく感じ何を忌み嫌うかなどを見よう，理解しようと努めることで，より草の根レベルの村人の生きる知恵に近づいていくことができます。

　2つの視点で広く多角的に事象を見ることで，現地の人々にとって望ましい地域のあるべき姿を共に創り上げることが可能になるのです。

（中田好美）

第2章	途上国に行くまでに 準備すること

1節　準備は入念に〈ストーリー2〉

i）インターンでの学び

　大学院1年生の里桜さんは，現在，国際協力NPOの東京本部（事務所）でインターンをしている（これまでの話は1章1節に）。そこで，偶然にも同じ大学の同窓生の好美センパイと出会い，今は一緒に日常業務の一部を担っている。英語の得意な里桜さんは，助言を受けながら，資料の翻訳をしたり，ホームページを更新したり多様な業務に触れる機会があった。特に，海外駐在員が個人的趣味を活かした小さな折り紙教室を村の子ども相手に開催したとのトピックは微笑ましかった。現地から届いた写真には，子ども達の笑顔からこぼれる白い歯が，未舗装の赤土の道や緑のヤシの並木に映えて，キラキラしていた。海外駐在員からのメールには，「ソクサバーイ！」と現地語の挨拶らしき言葉が添えられていて楽しそうな雰囲気が感じられた。

ii）笑顔の裏側にある深い問題

　ある日のランチタイムに好美センパイから「インターンはどう？　タイヘン？」と聞かれた。里桜さんは，「毎回新しい経験で，現地の皆さんの笑顔にも触れられて楽しんでいます！」と先ほどの写真の好印象を思い浮かべながら答えた。好美センパイは，カワイイ後輩の答えに満足そうにうなずいた後，少しニヤリとして「あの笑顔の裏側にどんな問題があると思う？」と聞いた。確かに思い返すと，写真に写る子ども達の足元は裸足であった。「貧困……ですか？」と里桜さんの自信なく消え入る声に被るように，「そう！　よく気づいたね。でもね，実は貧困の問題は日本にもあるのよ」と教えてくれた。このことは，帰り道に何度も頭の中でリフレインし，自分がこれまで日本のことに目を向けてこなかったことに気づかされた。

iii）実は日本のことをよく知らない

　里桜さんは，大学では英語や欧米の文化について学んできた。国際交流で折り紙を作ったり，浴衣を着たりと日本文化の紹介をした経験はあるが，普段の暮らしとはかけ離れていると考えていた。日本人としての**文化と慣習**は普段あまり意識しないが，確かに，米国でのホームステイの際にシャワーで1か月間過ごしたときは我慢だと思った。そして帰国したその日にスーパー銭湯に行き，かけ流しの湯船に浸かりながら「やっぱ，自分は日本人なんだー」としみじみ思ったことを思い出した。

　大学院では，グローバル社会が抱える共通課題に対する途上国での支援について多くを学んでいる。自分が生まれる随分前に先進国の仲間入りをした日本であるが，問題がないわけではない。毎日入ってくるネットニュースから**政治・経済や治安・犯罪**に関連し，**貧困，汚職，麻薬（違法薬物），テロ，災害**の話題を見かけるものの自分事と想えず，スルーしていた。今の日本社会は安定しているように見え，何が起ころうと自分の暮らしへの影響はないと無条件に信じ意識や関心が薄れていくのだろう。日本社会にもっと目を向け深く理解するため，国内での多文化共生政策を卒業論文のテーマに選んだ。

iv）インターン終了と就職活動

　インターン生活もやがて期限の6か月が訪れようとしていた頃，好美センパイから「就職は決めたの？」とズバリ聞かれた。「いやー，実は迷っていて……」

と返したものの，就職活動は大学院2年生の春から国連系，政府系の組織への公募にもチャレンジしたが，未だ内定ゼロの状態であった。

そして，好美センパイは，「これから伸びゆく組織だけど，私たちの団体も今，海外駐在員を募集しているのよ」フフフと笑いながら教えてくれた。笑いは気になったけれど，"これから伸びゆく組織"というところになぜか可能性を感じ魅力的だと思った。この6か月間，週1回とは言え，いろんなことを一から教えてくれたことに感謝している。海外駐在員が帰国し，居酒屋で懇親会を開くときには必ず声をかけてくれた。帰国者の苦労をねぎらう温かい人間関係にこの団体への愛着も深まっていった。

v）途上国に行くまでに準備すること

就職となると少し慎重になる。今まで，国内の事務所でインターンをしてきたけれど，海外の事務所については，よくわからないのが正直なところである。治安悪化の事態や性暴力などのリスク・危機管理，ケガや病気をした時の健康管理はどうするのか。プロジェクトを運営（マネジメント）するには，どんな基本スキルやツールがあれば，上手く進められるのか。まだまだ教えて！　好美センパイ！

2節　途上国で暮らすための基礎知識

1）コミュニケーションと関係作り

【Keywords：現地語，コミュニケーション】

i）言語によるコミュニケーション（verbal communication）

英語は必ずしも世界の共通語ではないことを知っておこう。各国の国語や民族語（現地語）が主言語の地域で，最初に困ることは言葉がわからないという点である。ただ現実的に，アジア圏など多くの地域では英語は第一外国語として勉強している人が多い。政府関係者や他団体のスタッフにも英語が通じる可能性が高く，団体から発行するレターも英語であれば受理される場合が多い。そのため国際協力活動では，英会話と英語の読み書きができることは必須であ

る。フランス語圏やスペイン語圏など，他の言語が主流の地域であれば，その言語の会話や読み書き能力が必須となるだろう。

　一方で，現地語は話せると相手の会話を理解するのみならず，相手の文化に敬意を持つという姿勢の表れとなる。挨拶程度の会話としても，現地語が話せると関係者との心理的な距離が縮まり協働がしやすくなるだろう。

ii）非言語によるコミュニケーション（non-verbal communication）

　全てのコミュニケーションの7割以上は，表情や視線，声のトーンや大きさ，スピード，ジェスチャーなどの非言語によるコミュニケーションで伝えられている。言語によるコミュニケーションよりも雄弁にメッセージを伝えることがある。言葉だけでは表現できない想いや空気感などが伝わり，相手との距離感を縮め信頼関係を築く一助となる利点がある。

　一方で，「（沈黙）……」などの解釈やジェスチャーの意味が民族や文化，社会によって異なる場合もあり，無意識に日本の文化で対応すると誤解されることもある。失礼／無礼を避けるため，あらかじめ確認しておく必要がある。

iii）敬意を持っていれば，必ずいい関係が築ける？

　敬意を持っているつもりでも，相手にその気持ちを確実に伝えることができなければ，関係は築けない。これには，上記を駆使して，積極的に敬意を伝える努力が必要である。権威的でない対等な立ち位置で相手の自尊感情を高めることができれば，心が開かれ本音で語り合えることができるだろう。『途上国の人々との話し方』[1]は，活動する際にお勧めしたい参考書である。

2）社会と暮らし

【Keywords：平和，政治，経済，治安，教育，保健医療，インフラ】

i）平和な国での暮らし

　平和な国に生まれ育つと，あたりまえと勘違いしてしまいそうな毎日の暮らしがある。例えば，明日も日本は戦争に巻き込まれることなく自国民の暮らしのための議論がなされ（政治・外交・内政），円の価値は暴落することもなく，アルバイトや給料の未払いはほぼないだろう（経済）。夜でも一人でコンビニエンスストアに行くことができるだろう（治安）。義務教育により誰もが読み・書き・計算を学び，高等教育では知的好奇心や教養を育みキャリアアップも望める（教育）。予防接種や健康診断で健康管理ができたり，病気になれば，少額の自己負担で病院に行くことができたり，救急車だって無料で呼べる（保健医療）。

スイッチ一つで電気が付き，水も豊富で今夜も温かい風呂に入れる。いつでも誰かとつながる SNS は，もはやなくてはならないものである（インフラ[注1]）。これら全てがあたりまえでない暮らしをイメージできるだろうか？

ii）途上国での暮らし

　これから行こうとしている国の政治体制や内政・外交，経済，治安情報，基本的な教育や保健医療体制について調べておこう[1][2][3]。その国の政府の収入源や税収の制度の有無，重視する政策により，国家予算の配分が決まる。経済投資重視の国では，教育や保健医療への支出は絞られる。また，政権交代により既存の行政サービスやインフラが不安定になり，ストップすることも考えられる。日本では想像もしない汚職の蔓延（2章2節3参照）や頻発する犯罪や事件に悩まされることもあるかもしれない。教育体制の不備は現地住民の読み書きの能力や就学率・進学率に現れ，保健医療体制の不備は感染症の蔓延や診療での量や質に影響し平和な国ではありえない死を招く。これらは，そこで暮らす住民はもちろん，あなたの暮らしにも少なからず影響を及ぼすことを認識しておこう。

3）社会にはびこる腐敗（汚職）
　【Keywords：社会的腐敗（汚職），透明性，国連グローバル・コンパクト】

i）社会的腐敗とは？

　社会的腐敗（corruption）とは，権力のある人が，その地位を利用して，賄賂（お金や高価な品物など）を要求することや公金を流用し個人の利益にする行為（汚職ともいう）であり犯罪である。日本においても，政治家の汚職による逮捕のニュースは日常化している。

ii）途上国にはびこる社会的腐敗

　先進国からの巨額の支援金や物資，善意からくる寄付金も例外ではなく狙われている。お金の流れに透明性（transparency）が確保されていない途上国では，額の大小に関わらず個人の懐へ納められたり，物資が消え，転売されたりする腐敗がよく起こっている。現地官僚ともなれば，なぜか大御殿のような家に住み，TOYOTA のレクサスに乗っているのも怪しいと思えてくる。民間シンクタンク Transparency International[1] では，毎年，腐敗認識指数（Corruption

（注1）　インフラ：生活の基盤として整備される設備，例えば道路・電気・ガス・水道・電話・IT 通信などの社会基盤のこと。インフラストラクチャー。

Perception Index）の国際比較があり，途上国での汚職の蔓延が目立つ。

ⅲ）社会的腐敗の防止と態度

　まずは，人間がいるかぎり腐敗がどこでも起こりうることを認識しよう。国連グローバル・コンパクト（United Nations Global Compact: UNGC）[2] [3] は，企業を含む団体が責任あるリーダーシップを発揮することを期待し，その第 10 原則に腐敗防止を掲げている。

　次に，“お金”と“物品”が消えない仕組みを作ることである。消えないように複数の目でチェックするルール（3 章 4 節 2 参照），会計管理（2 章 5 節 3 参照），物品目録（inventory list）を作成し，責任の所在を明らかにしたうえで，定期的にチェックするなど透明性を確保する仕組みがあるとよい。このような態度の継続が，途上国においての腐敗を許さない組織文化を培っていくだろう。

Column3　ワイロの要求ってどういうこと？

　途上国では悪徳代官のような役人に会うことがあります。彼らにとっては，外国から来た団体に便宜を図ったのだから金銭的な要求をするのはあたりまえという感覚でしょう。団体も融通をきかせるために，この要求をのむことがあるかもしれません。こうやって私腹を肥やす腐敗した行為が慣習となります。

　日本から途上国に救急車両を送ってもらった際に，港の税関で長期間滞留させられたことがありました。その際に「（税関の通過許可に対して）いくらでどう？」という電話がかかってきて驚いたことがあります。また，税金の徴収制度が始まった際に初めに提示された銀行口座は，個人名義のものでした（もう，驚きませんでした）。この悪しき慣習に加担しないためには，毅然とした態度が大事です。がまん比べで，時間がかかることを覚悟した交渉を要することがあります。

　私達にできることは，プロジェクトを進めることによって社会福祉の向上を達成することです。このことは，現地の役人から村人まで，大勢の人々に喜ばれます。現地の役人と公益性の高いプロジェクトを共に成し遂げることを慣習化すれば，こんな健康的なことはないと思います。

（岡本美代子）

4）2つの貧困

【Keywords：相対的貧困，絶対的貧困，貧困率，国際貧困線】

i）貧困にもさまざまある

貧困についてイメージができるだろうか？　国や地域，機関によってさまざまな定義があるが，ここでは，OECD（経済協力開発機構）が用いている2つの概念 "相対的貧困（relative poverty）" と "絶対的貧困（absolute poverty）"，と "貧困率（poverty rate）" についてイメージできるようにしておこう。

ii）相対的貧困と絶対的貧困

①相対的貧困とは：ある国や地域の平均的な暮らし（収入）より，かなり低い水準で暮らしている状態のことを言う。先進国では，社会保障制度があるため「貧困」というと相対的貧困を意味することが多い。日本では，貧困線，相対的貧困率は，OECD による作成基準をもとに国民基礎調査から得られたデータを使い算出される。日本の 2018 年の貧困線（poverty line）[注1]は，127 万円であり，相対的貧困率[注2]は，6 人に1 人（15.4％），子どもの貧困率は，7 人に1 人（13.5％）と OECD の平均よりも高い[1]。

②絶対的貧困とは：生活する場所にかかわらず，人が生きるのに必要な衣食住を満たす最低レベルの水準で暮らしている状態のことを言う。国連機関の一つである世界銀行（World Bank）は，1 日約 200 円を国際貧困線（global poverty line: US$1. 90/day as of Oct. 2015）[2]と設定している。現在，世界人口の約 10％がこの水準以下で暮らしている。

iii）貧困は見える？　見えない？

日本の "貧困" は，見えにくいと言われている。生活保護世帯の子どもでも一見，贅沢品と思われるスマートフォンを持っていることがある。これは，固定電話より初期費用も安く，昼夜を問わず仕事に出る親を持つ子にとってのコミュニケーション手段であり，贅沢品ではなく必需品である。

一方，途上国では，国や地域にもよるが，地域を注意深く観察すると，家の材質（特に屋根や土台）や，TV アンテナの有無，家畜の有無，電気や水の入手方法，交通手段などである程度の経済状態が見えてくるだろう。

（注1）　貧困線：等価可処分所得（収入から税金，社会保障費を除いた手取り額）の中央値の半分。

（注2）　相対的貧困率：等価可処分所得が貧困線に満たない世帯員の割合をいう。

5）文化とは

【Keywords：文化，自文化，異文化，異文化理解】

i）文化とは

文化とは，生まれてから家族やその社会の中で育つ間に自然と学んで身につけてきた生活様式・習慣・行動・ものの考え方の総体を指す。その社会に属する人々があたりまえ（無意識）に実践していること（**自文化**）に対し，それ以外は**異文化**として認識される[1]。

文化の違いは目で見てわかるものと目には見えないものがある。目で見てわかる文化の代表では，服装，食べ物，住居，生活用品，冠婚葬祭の様式などである。一方，目には見えない文化の代表は，日常的な習慣，行動様式や考え方である。これは時間をかけて学ばなければ外部者には容易には理解できないことである。

ii）異文化でのショックと異文化理解

異文化で，自文化とのギャップに驚き，**カルチャーショック**を受けることがある[1]。例えば東南アジアの国々では，会議が予定どおりに始まらないことはよくある。定刻の開始を重んじる文化を持つ日本人は，ぎりぎり開始時刻直前に到着したのに一番乗りだったという経験をすることもあるだろう。一方で，現地では予定の変更が柔軟であり，日本ではありえない急な変更も快く受け入れてもらい助かることもあるだろう。物事への受け止めや対処の仕方はそれぞれの文化において異なり，初めて経験した時には，大きな驚き（時には怒り）の感情があふれることは，誰にでもある自然な反応である。

驚くような振る舞いがあっても，即座に彼らが悪いと決めつけられない。彼らの振る舞い方の背景を知らないだけのことが多いからである。例えば，日本人駐在員が残業していても現地スタッフは定時にさっと帰宅する。それは，食べ物が傷みやすいのに冷蔵庫がないため，毎日近所の商店が閉まる前に夕食の肉・野菜を買う必要があるからであった。彼らが冷蔵庫を持っていないと知った時，行動の理由がわかり愕然とした。生活を成り立たせるため，彼らは残業しないように上手く調整していた。表面上に見えることだけでなく，その背景を含めて行動を理解することが**異文化理解**である（1章3節2参照）。

iii）文化は不変ではない

一方で，新しいテクノロジーや流行などによって，失われていく文化がある。かつてはラジオや口コミが主な情報源であった村でも，あっという間にスマー

トフォンが普及し，SNS 利用者が増加した。村から出稼ぎに行った人からの影響も計りしれない。今，まさに文化が変貌しつつある。現地で"今"見られる伝統文化やそれが織りなす人々の生活風景はとても貴重なものであり，数年後も同じようにあるとは限らないことを心に留めておこう。

　iv）現場での眼差し──現地の文脈をとらえた支援

　開発の現場で働くと，多くのカルチャーショックや理不尽だと思われる場面に困惑する人もいるかもしれない。全ての出来事が新鮮で興味深いだけでは片付かないからである。

　例えば，保健医療支援の活動をしている時，病院に運ばれてきた子どもが到着時にはすでに亡くなっていたことがある。デング熱を発症してから一週間たって重症化してしまったのである。家族はまず同じ村の伝統医を訪ね，近隣の民間クリニックを訪ね，それでも治らないために病院にたどり着いたが間に合わなかった。最初に病院に来ていたら子どもは助かったかもしれない。しかし家族を非難しても何も解決しない。病気に直面する地域の人の選択肢，優先順位のつけ方，考え方や行動を理解したうえで支援をする必要がある。

　現場で働く者は，現地の文脈（context）や彼らの世界観を理解したうえで，現地ニーズが満たされる支援の模索や社会の仕組みを構築する必要があるだろう。そうでなければどんな支援も，渦中に生きている人たちに届かない[1] [2]。巻末の参考文献一覧にある社会学や文化人類学のフィールドワークについての図書からは，具体的な方法論などを学ぶことができるだろう。

Column 4　気づかない"自分"

　途上国でマネジャー（管理責任者）として仕事をしている時，現地スタッフが指示と違うことをしていると気づくことがありました。びっくりしてすぐに本人に確認し，場合によっては即座に訂正し，場合によってはそのまま静かに結果を待つこともありました。後者は，スタッフに正当な理由があったからです。指示の出し方はとても考えさせられました。現地スタッフは私が思いもよらない解釈をすることがあったし，逆に私の的確ではない困った指示に対してスタッフが知恵を働かせた対応をすることもありました。優先順位のつけ方や物事の進め方には現地なりの方法があり，「たった一つの正解はない」と気づきました。

　郷に入っては郷に従えと言いますが，従っているつもりで実は“自分の
やり方に固執する自分”に気づくことは難しいのです。違和感を契機とし
て自分を客観視できれば，新しい進め方や意味を見出すことができると思
います。このような経験を繰り返して，相手だけでなく，自分のことをよ
りよく理解できるようになること。これが途上国で働く醍醐味です。

（中田好美）

3節　途上国でのリスク管理と危機管理

1）治安・防犯上の対策

【Keywords：リスク管理，危機管理，防犯，テロ，自然災害，CBRNE災害，旅レジ】

i）途上国での活動のリスクと危機

　途上国で活動するうえで，どんなリスクや危険性が想定されるかをあらかじ
め考えておくことは重要である。リスク管理（risk management）とは，予想
される危機に備えておくための準備であり，危機管理（crisis management）と
は，起こってしまった危機がそれ以上悪化しないように適切に対処することで
ある。ここでは，途上国で起こりうる危機として，治安・犯罪，テロ，災害に
ついて挙げ，その管理方法について述べる。

ii）治安・犯罪

　途上国の治安や犯罪発生は,日本と比べものにならない。とくに現地に来たば
かりの日本人は，服装，整髪など，身ぎれいでどこにいても目立ちやすい。犯
罪の標的とならないためにも，防犯上の注意事項を厳守したい。外務省の海外
安全ホームページ，JICA国別安全対策情報サイトでの最新の犯罪発生状況，防
犯に関する知識は出発前に必ず読んでおこう。近年では，JAMSNET（Japanese
Medical Support Network）(注1) といったNPOが在外邦人への保健・医療・福祉
に関する情報提供をしているものもある。現地では，急な政治変動に関する正
確な情報は入りにくい。米国，英国，カナダ外務省のホームページは最新情報

(注1)　ジャムズネット：ニューヨーク周辺の在外邦人の医療，福祉，教育等の情報交換，相
　　互連携を目的として，2006年1月在ニューヨーク総領事館が協力し，日系企業が支援する
　　非営利団体（NPO）として設立された。米国の他，アジア，カナダ，スイス，ドイツなど世
　　界45か国に広がるネットワーク。在外邦人の心と身体の健康をサポートする。　https://
　　jamsnet.org/jamsnet-world

が詳細で早い。また，日頃から現地の知
人・友人と密なコンタクトを取り，現地
の情報網を広げておくよう留意したい。

　防犯対策として，夜間に一人で外出し
ないことが大原則である。急病などどう
しても夜間に外出しなければならない場
合は，信用できるドライバーのタクシー
などを使う。

ボックス2　テロの標的になりやすい所

・政府や軍関係の施設
・企業や支援団体
・ランドマークなどの施設
・人が集まる公共施設
・観光スポット
・宗教施設
・スポーツ／イベント会場など

　<u>強盗，盗難，傷害被害にあった場合</u>

　海外での犯罪対応の基本は，"逆らわない"，"犯人を刺激しない"ことである。犯人は極度に興奮している可能性があり，<u>銃を所持している</u>こともよくあるため，急な動作を避け相手の要求全てに従うことが重要である。金品が奪われる際に抵抗し殺されてしまう事件が起きている。命に勝るものはない。

　犯罪被害にあった時には気が動転しパニックになることもある。現地の知人，友人にも助けてもらおう。それに備えて，緊急連絡先（現地警察，現地日本大使館・領事館の電話番号，所属する団体の担当者，クレジットカード会社，クレジットカード番号の控え）を準備し自宅に保管用，携帯用を準備しておこう（2章3節8参照）。また，海外旅行保険の補償申請のために現地警察で被害届を提出し，証明書をもらっておく。

　iii）テロ（terrorism），無差別乱射事件など

　テロの脅威は，世界中に拡散している。標的は，テロ行為により注目を浴びる場所が選ばれやすい（ボックス2参照）。

　無差別乱射事件は，バス・列車，ショッピングセンター，郵便局，ホテルのロビー，レストラン・バー・ナイトクラブ，遊園地，教育施設などで発生しており，いつ，どこで遭遇するかわからない。

　<u>テロに遭遇した場合</u>

　日本の外務省[1]，欧米の大学，米国の CIA や FBI などの政府機関[2][3]は，自分自身を守るための具体的方法を指南している。必ず読んで参考にしてほしい（表1，ボックス3）。

　iv）自然災害，CBRNE 災害

　現地の滞在場所は，その地勢や気候により災害に見舞われるリスクはないだろうか？　津波や地震，風水害の歴史や現地の人々の記憶が参考になるだろう。

表1　テロの特徴と対処方法（外務省）[1]

状況	対応
どんな場合でも	爆発音，銃撃音が聞こえたら直ちに身を伏せる。 速やかに現場から離れ，頑丈な物陰に隠れる。 群衆パニックに注意し，将棋倒しに巻き込まれないようにする。
爆発テロ	低い姿勢で爆発地点から遠くに離れる。 爆音と反対側に頭を向けて，床にうつ伏せになる。 鞄や両手などで後頭部を保護，片足だけでも守るために両足を開く。 首と鼓膜の損傷を防ぐために口を開け，目を閉じる。 複数の爆発物が仕掛けられている可能性に注意する。
銃撃事件	低い姿勢でジグザグに，窓際や視界の良いところを避けて逃げる。 周りの動きに注意し，不用意に動いて標的にならないようにする。 叫ばない。防御物になる堅い物体を探して身を隠す。
隠れた，閉じ込められた場合	出口に鍵をかけ，バリケードを作る，ドアや窓側に近寄らない。 できるだけ頑丈な物陰に隠れる。 犯人に気づかれないために室内の電気を消し，カーテンを閉める。 携帯電話の着信音を消す，または電源を切る。

お勧め！：外務省が『ゴルゴ13』と
コラボした，『中堅・中小企業向け海
外安全対策マニュアル』[4] は，面白く
とても参考になる情報である。

ボックス3　テロ遭遇時の基本行動[3]

1. Run（逃げる）：何事を置いても，とにかく逃げる。
2. Hide（隠れる）：逃げる時間・手段がない場合，見つからないように隠れる。
3. Fight（戦う）：逃げられず，隠れられない，または見つかってしまった場合，みすみ
　　　　　　　　　す殺されるのを待つのではなく，犯人と戦う。

しかしながら，昨今は気候変動もあり想定外の被害をもたらすこともある。途
上国では，災害に脆弱であることを踏まえた滞在先の選択が重要である。

　CBRNE（シーバーン）災害を知っているだろうか。上記，テロ対策とも関連
している世界各地で人為的に発生している災害である。"CBRNE" とは，化学：
Chemical，生物：Biological，放射性物質：Radiological，核：Nuclear，爆発物：
Explosive を指す（表2）。このような爆発を想定したものや，危険物を取り扱
う工場での大規模災害など，人為的な災害への備えも大事である。さらに，二
次的に引き起こされる治安の悪化にも注意が必要である。避難はどこへ，どの
タイミングで，どのようにすべきか，日本で住んでいる時よりも敏感に早期に

表2　CBRNE 災害（菊池，2017）[5]

化学（C）	サリン，VX，塩素ガス等
生物（B）	炭疽菌，天然痘，ペスト等
放射性物質（R）	ダーティ・ボム，原発事故，（ウランやプルトニウム等）
核（N）	原子爆弾，水素爆弾
爆発物（E）	TNT（トリニトロトルエン），可燃性ガス，マグネシウム等

行動する必要があるだろう。

　“備えあれば憂いなし”，“自分のことは自分で守る”という意識を持ち，いざという時はどうするか（2章3節8参照）を一読しておこう。また，本部のリスク管理，危機管理についても赴任前に，一緒に確認しておくべきである（5章2節4参照）。合わせて，『旅レジ』[6]への登録（滞在国の日本大使館や領事館から日本語で安全情報をメールで受信できる）や『渡航者向け安全対策研修・訓練』[7]（JICA が開催する研修），リスクや危機管理情報を提供しているウエブサイト『リスク管理 Navi』[8]なども駆使して知識を増やしておこう。

2）健康管理
　　【Keywords：渡航外来，予防接種，健康相談，健康情報，海外旅行保険】

i）出発前の準備

　赴任国決定後は早めに渡航外来（travel clinic）を受診し，計画的な予防接種や健康相談を受けることが大事である。また，あらかじめ必要な現地の健康情報を得ておくとよい。なお，健康診断や予防接種は，医療保険の対象ではないため費用は 10 割での自費払いとなる。派遣元の組織や団体より補填が可能か確認をしておこう。

　渡航外来では，健康診断，予防接種，常備薬（風邪薬，胃薬，消炎鎮痛薬）の処方をしてくれる。途上国での生活は，インフラの未整備，気候・風土，食事，住環境の変化などによるストレスが想像以上に大きい。出発前に健康診断を受け自分自身の健康状態について把握し，あらかじめ渡航先の生活上で予防できる方法などの情報を得ておこう。途上国では偽薬の流通，正規の医療品でも保存状態が良くないものも多い。持病のある人は，持参薬の他に，英文診断書を依頼（病名，治療内容，服用中の薬剤・成分の英語名，血液型などを記載）しておくと安心だろう。

表3　持参したい常備薬のリスト[1]

分類	内容
風邪薬	総合感冒薬，咳止め 解熱鎮痛剤（アセトアミノフェン，イブプロフェンなど）
胃腸薬	一般胃腸薬，整腸剤，便秘薬，下痢止め（使用は賛否あり）
マラリア予防薬	メフロキン（事前に処方してもらう。指示通りに服用） 現地で購入する場合は，耐性について注意。偽薬にも注意。
その他	酔い止め，抗ヒスタミン剤（かゆみ止め），消毒液（外傷用），イソジン，絆創膏，蚊よけスプレー（DEET12 ～ 20％以上含有[※1]），経口補水液（ORS），蚊取り線香，弾性包帯，シップ薬，目薬，体温計，はさみ，毛抜き，ピンセット，爪切り，滅菌ガーゼ，テープ，日焼け止め，手指消毒用ハンドジェル，スペアのメガネ，持病の薬など

※1：p.47 ボックス6参照

　予防接種は，現地活動を安全に実施するうえで大変重要である。一回の接種では免疫が獲得できないものも複数ある。また，黄熱病などは接種を証明するイエローカードの提示がないとトランジットや入国自体を拒否されることもある。赴任の決定後は，必要な予防接種の数，種類，回数を確認し，スケジュールを組んで計画的に予防接種をし，接種証明書類を管理しておくことが肝要である。

　健康情報としては，厚生労働省検疫所のFORTH[1]や国立国際医療研究センター（NCGM）[2]，日本渡航医学会[3]のホームページ（日本語）が有用である。海外で健康に過ごすための基本知識がわかりやすく渡航先別に提示されている。また，WHO[4]や米国疾病予防管理センター（Centers for Disease Control and Prevention: CDC）のホームページ（英語）[5]の世界各地の医療機関の情報『Find a clinic』もお勧めである。

　ii）持参したい常備薬

　途上国では風邪で受診することも容易ではない地域が多く，医療の質の担保も難しい。赴任国の感染症発生の状況に合わせて，表3に記載した市販薬や処方薬（渡航外来で依頼して処方してもらう）を渡航前に準備しておきたい。

　iii）慢性疾患などの持病がある場合

　多くの途上国では，医療機関へのアクセスが困難であることや医療の安全性，質の担保の面で問題がある場合がある（南米・アジア地域の民間保険で受療できる先進医療は，欧米並みに非常に高いレベルのこともある）。渡航する際は，

その可否も含めて主治医の判断を仰ぎ，診断名，服薬中の薬品名についての英語の書類を準備してもらうようにしたい。また，現地での症状悪化や急変に備えて，赴任国の病院や専門医の有無，英語／日本語が通じる医療機関（医師，看護師，医療通訳の有無や手配方法）の存在についても情報を得ておくとよい。

iv）海外旅行保険に関連することについて

自分が加入する**海外旅行保険**の「医療面」での適応範囲やその国で治療が難しい場合，第三国への緊急搬送費などの可否，除外項目は特に重要である。また，現地でかかった医療費のクレジットカードによる支払いの可否，キャッシュレス対応が可能であるか，事前に詳細な情報収集をしておくことが大事である。持病がある場合は，海外旅行保険加入時に（**持病**）**特約**が必要。特約のない場合は保険適応にならないので注意が必要である。

3）注意すべき感染症とその対策

【Keywords：感染症，下痢症，デング熱，マラリア，経口補水液】

i）注意すべき感染症に関する予備知識

感染症には，寄生虫，細菌，ウィルスなどを原因とするものがある。地域によりその分布に特徴があるが，ここでは途上国における全死亡の３割以上を占め，赴任者に感染リスクがある主な感染症と**予防対策**について概説する。途上国に赴任する際には，活動地域での感染症の蔓延状況，感染経路，初期症状，治療，治癒までの経過（予後），予防方法について，健康情報を取り扱う機関（FORTH や CDC など）のホームページで予備知識を得ておくことは重要である（２章３節２参照）[1) 2) 3)]。

ii）かかりやすい感染症と対策

①**下痢症（diarrhea）**：途上国に２週間以上滞在した人の約半数に「**旅行者下痢症**」が生じる。汚染された生水，生野菜とカット果物などの食物内に混入したサルモネラ菌，チフス菌などの細菌感染が主な原因である。途上国は食品衛生管理，トイレなどの衛生環境

ボックス4　病院受診が必要な下痢

- 回数が多い軟便の排泄（24時間に4回，8時間に3回以上）。
- 強い腹痛，発熱，嘔吐が重なる
- 高熱を伴う場合
- 便に出血を伴う場合（赤～黒い色）
- けいれんがある場合⇒**直ちに受診**

経口補水液を飲んでも 24 時間以上改善しない場合や，上記の症状がある場合

ボックス5　経口補水液のレシピ

- ミネラルウオーターまたは，煮沸した水　1リットル
- 砂糖　40g（大さじ 4.5 杯）
- 塩　3g（小さじ 0.5 杯）

かきまぜて，完成！

ボックス6　蚊の吸血を予防するには

- 流行地域で活動するかどうか確認する
- 蚊の活動（吸血されやすい）時間を知る
- 蚊を寄せつけない白っぽい服装にする
- 肌の露出を減らす（長袖・長ズボン・靴下，靴を着用）
- 蚊よけスプレーをこまめに使う（「医薬品」の分類の DEET（ディート）含有のものがお勧めである。日本製では含有量 12％が上限（3時間持続）。海外製では 20％（4時間持続）もある。ただし，どちらも子どもには勧められていない。汗で取れるので，繰り返しスプレーする必要がある。日焼け止め使用の際は，先に日焼け止め，その上に蚊よけを塗布すること）
- バックパックなどのチャックは，むやみに開けておかない（蚊は薄暗い所を好み，中に入り込み一緒に移動した先で吸血することもある）
- 夜間は，蚊帳（mosquito net）を使う

が乏しいことも多い（病院受診が必要な下痢の症状は，ボックス4を参照）。

　脱水への水分補給などの症状に合わせた治療や，原因菌に対する抗生物質を使用するなどの治療を要することもある。

　予防としては生水，氷，生野菜は避け，食品類は必ず加熱すること，食器類も熱湯消毒する。下痢症状は体が細菌を排出しようとする反応である。自己判断による下痢止め内服は要注意である。しかし，下痢による脱水は避けたい。ボックス5に示す**経口補水液**は簡便に，失った水分と電解質を補うことができる。粉末状スポーツドリンクを常備しておき，清潔な水を規定量混ぜることでも代替できる。

　②蚊が媒介する病気：チクングニア熱，ジカ熱，**デング熱**，西ナイル熱，マラリア，黄熱病がある。ここでは最も一般的なデング熱，マラリアについて説明する。蚊の吸血を最大限に予防するようにしよう（ボックス6参照）。

デング熱（dengue fever）

原因：フラビウィルスを有するネッタイシマ蚊，ヒトスジシマ蚊が媒介する。これらの蚊は，人の住居周囲の水浴び場や水たまり，下水やごみ集積場などに生息し，昼間から夕方に活動する特徴がある。また，雨季の初期に飛来数が増加する。夜間はあまり吸血しない。

症状：圧倒的多数が無症候。または，インフルエンザ様の症状を呈する。感染後に 38 度以上の高熱，頭痛，関節炎，筋肉痛，発疹（小さな紅斑，痒み，痛みはない），薄いあざが出る。

治療：確立されておらず，解熱剤や点滴など症状に合わせた治療を要する。

熱が出た時には，自己判断せず，現地医師に要相談（薬によっては，悪化のおそれがある）。

マラリア（malaria）

原因：マラリア原虫を有するハマダラ蚊が媒介する。この蚊は，山や林などに生息し，夕暮れから夜間に活動する特徴がある。

症状：発熱，悪寒，頭痛などインフルエンザ様症状。筋肉痛，疲労感，貧血，皮膚や白目の部分が黄色くなる（黄疸）。種類（型）により感染から発症までの期間と発熱が生じる周期が異なる。

治療：抗マラリア薬がある。流行地域で活動をする予定がある場合は，高価だが予防内服の検討をする。渡航先の流行状況や滞在期間，活動内容，持病の有無により，適応となる予防薬が異なる。渡航外来で医師に相談するとよい。

4）事故，ケガ

　　【Keywords：交通事故，ケガ，破傷風，狂犬病】

i）急速な都市化による交通事故が急増

　途上国の健康問題は，病気だけではなく**交通事故**による死亡や後遺障害も急増している。背景には途上国の急激な都市化に道路や信号などのインフラ整備が間に合わないこと，交通関連法規の未整備や遵守状況の悪さなどがある。また，保険未加入者も少なくない。交通安全対策は極めて脆弱で，交通マナーは期待できない。

　交通事故の犠牲者の多くは，歩行者，自転車やオートバイを利用する人々である。支援団体やボランティアとして途上国に赴任する場合，現地コミュニティでは，乗り合い車両，自転車やバイクでの移動が多くなる。加害者は，事故が起こっても日本のように負傷した人を直ちに助けるという緊急措置義務はなく，走り去っていくことが多い。また，救急車の体制も整っていない地域が多いので，交通事故に巻き込まれないように十分注意したい。

ii）ケガや動物に咬まれた傷などに注意[1]

　途上国で**事故**に遭いケガをした場合には，適切かつ早急な処置（抗破傷風グロブリン製剤の使用）を行うことが肝要である。破傷風菌は土壌中に広く常在し，創傷部から体内に侵入する。**破傷風**は，予防接種でしか免疫がつかない。時が経つとその効果が弱まるため，過去に接種歴があっても，渡航前やケガ後

でもいいので追加の予防接種をお勧めする。

　野良犬，野良猫に咬まれたり，引っ掻かれたり，舐められることにより，**狂犬病ウィルスに感染するリスクがある**。アライグマ，スカンク，キツネ，コウモリ，リスも狂犬病ウィルスを媒介する。発症すると，治療が難しくほぼ100%死亡する中枢神経疾患である。医者が「狂犬病にだけには罹りたくない」というほどに壮絶，悲惨な死を遂げる。途上国に赴任前の予防接種は，ぜひとも受けておきたい（2章3節2参照）。

5）誰にでも起こりうる性暴力
　　【Keywords：性暴力，防犯ブザー】

i）途上国での性暴力の現状

　性暴力（1章2節6参照）は，人目につかず行われる。弱い立場の被害者は沈黙することが多いため，顕在化しにくい。女性や多様な性を自認するLGBTQsは被害に遭いやすく，男性への性暴力被害の報告も少なくない。途上国や閉鎖的な人間関係となりがちな海外での生活は，現地の治安上の問題としてのみならず，国際協力活動の従事者自身が加害者・被害者となるリスクが高いことも認識しておく必要がある[注1]。

ii）性暴力による身体，心理，社会的影響

　性暴力による身体的影響として，外傷，性感染症，女性は妊娠のリスクがある。また，心理的影響として，精神的屈辱感，睡眠障害，悪夢，疲労感，引きこもり，うつ，フラッシュバック，食欲不振，性欲減退などがある。社会的影響として，一人で悩み孤立したり，家族や同僚との関係性の破綻や失職し経済的困窮に陥るなど，影響は計り知れない。

iii）予防と被害にあった時の対応

　予防対策：昼夜問わずひとりでの行動や一対一での閉鎖された空間の共有を避けることである。全体の90%は顔見知りによる犯行であることが知られている[1]。拒絶の意思表示として，「声を上げる」ことが困難な場合，**防犯ブザー**の使用も有効である。

　性暴力（レイプ）被害にあった時の対応：命の危険がある場合は，抵抗してはいけない。上司や同僚など身近な人から性暴力を受けた場合は，信頼のでき

（注1）【被害者のための関連情報】『PILCON』性暴力，性についてお悩みの方・学びたい方
　　　https://pilcon.org/help-line/sexualviolence

る人に話すことで冷静な判断ができ解決への糸口につながる[2]。基本的には，できるだけ早く医療にアクセスすることが重要である。プライバシーの保護がある環境で必要な検査・診察を受けることにより，HIV/AIDS を含む性感染症や女性であれば望まない妊娠を防ぐことができる。警察に届けるためにも事件直後に証拠（体液などの検体）を取る必要がある。さらにカウンセリングを受けることが早期回復のためには望ましい。

6）薬物使用の誘惑，なぜ危ない？
【Keywords：麻薬，違法薬物，薬物汚染，薬物依存】

i）世界の薬物汚染

近年，世界に流布する麻薬（違法薬物）の市場の範囲が急速に拡大・多様化し，国際社会全体における薬物汚染への対応強化の必要性が指摘されている[1]。種類には，大麻類（マリファナ），覚醒剤類（MDMA など），オピオイド類（ヘロイン，あへんなど），コカイン類（コカ葉，クラック・コカインなど）の順に多い。違法薬物使用者の 3 人に 1 人は女性となっている[1]。

薬物依存の恐ろしさは，常習化や禁断症状により心身が病み，急性薬物中毒による致命的状況を引き起こすこと，静脈注射の針の回し打ちによる感染症（HIV/AIDS，肝炎などを含む）罹患リスクの増加，犯罪や暴力に巻き込まれるリスクがある。また，脳にダメージを与え，治療後の再発率も約半数と高い。日本には薬物依存の治療施設や専門家が少なく，治癒までの道のりは果てしなく遠い。

ii）途上国には身近な場所に麻薬が潜む

薬物の脅威は生活の身近にある。途上国の現場では，同僚やその家族に薬物依存症の人がいることも少なくない。バーやクラブなどの身近なところにも麻薬がある。ちょっとした好奇心で手を出すと，取り返しがつかないことになる。特にアジア，イスラム諸国では，法的規制により厳しい罰則がある。外国人への処罰も同様に厳しいので，薬物に興味本位で近づくことなく，誘われてもはっきりとノーと言えるようにしたい。

表4　よくある心の健康の不調

カテゴリ	具体的な心の症状
気分障害	落ち込み，食欲低下，ぼーっと考え事をしている，モヤモヤした気分
不安障害	不安が強い，イライラ，何度も確認しないと気が済まない
アルコール依存	安価なアルコール飲料を飲み続ける，孤独感や暇つぶしが理由で飲む
急性一過性精神病性障害	一過性の幻覚，妄想の症状が現れる

7）心の健康の不調と対策

【Keywords：メンタルヘルス，ストレッサー，休養】

i）途上国での長期滞在と心の健康

赴任直後は夢見た海外での活動が現実となり，見るもの全てが物珍しくバラ色の日々を過ごすだろう。しかし，しばらくすると不便な生活，乏しい娯楽，孤独を感じ，異文化と日々遭遇する困難に表4のような心の健康（メンタルヘルス）の不調を生じることはよくある。

ii）海外での長期滞在に伴うストレスのもと

言葉や文化の違いからくるコミュニケーションの困難さ，インフラ（住居，電気，水道，交通，通信・インターネット環境）の不便さ，治安の悪さ，気候風土，政治的要因，感染症などがある。また労働環境，現地の関係者の仕事の仕方や時間感覚の違い，現地と本部間の摩擦や無理解・無関心もストレスのもと（ストレッサー）となる可能性がある。また，事件や事故で心の傷（トラウマ）を受けた後にPTSD（Post Traumatic Stress Disorder：心的外傷後ストレス障害）を発症することもある。

iii）心のケア，休息の必要性[1]

海外生活では，前述のストレッサーを回避することは対策となる。そのため，定期的に活動の場を離れ，気分転換や休養をすることはとても大事である。特に，小さな組織においての地方での活動では人間関係が限られ，多重業務も多い。それで本部との信頼関係やサポートが上手くいかないと，孤立につながり要注意である。強い疲労感や不眠，抑うつ気分が長く続くのであれば，自殺のリスクも否めない。本部は，これらを十分理解してサポート体制を築くことが肝心である（5章2節4参照）。

8）自分のことは自分で守る　いざという時はどうするか
【Keywords：平時からの準備，避難訓練，人命第　】

i）どんな危機でも共通すること

どこに住んでいたとしても危機は突然起きるため，個人でもできる危機への回避として**平時からの準備**（2章3節1参照）が大切である。現地では，情報通の知り合いを持ち，何かあったら情報をもらえるように日頃からアンテナを張り巡らすよう心がける。特に，現地語で放送されるラジオやテレビなど公共放送も重要である。ご近所のつながりも大切で，紛争や暴動の危険が近づいているなどの情報は地域でなければわからない。複数の情報を吟味し，噂に惑わされないように気を付けよう。

ii）パニックにならないように（事前準備）

緊急時の連絡先リストと，緊急時行動シナリオの整備：本部の緊急連絡先，現地の関係者・医療機関の連絡先のリストを作成し，定期的に更新し現地スタッフと共有しておく。自分が意識を失うような事態に指示がなくても現地スタッフが適切に行動できるよう，緊急時の行動シナリオを作成し，定期的に**避難訓練**などを実施するといいだろう。シナリオは，本部とも共有しておくとよい。

安定した通貨での現金の準備：緊急時の移動にはクレジットカードではなく現金が必要になることが多い。現地通貨でもいいが，なるべく US ドルのような安定通貨の現金を準備しておくとよい。空港に行き，航空券をその場で買って帰国することができるに足るその時の相場額をいつでも使えるように手元に置いておく。

貴重品の保管：貴重品とは，パスポートや身分証明，保険証，現金，クレジットカードなどである。金庫など保管場所に注意し，盗難にあわないように工夫する必要がある。

iii）緊急時の帰国の判断と守るべきもの

事前に退避（帰国）の客観的な判断基準を本部と話し合っておき，退避の判断は現地の状況によるので，現地事務所長が**判断の権限**を持つとよい（5章2節4参照）。外務省・大使館や関係機関からの情報も参照すること。そして，どんな状況であっても生きて帰ってくるという強い意志が重要である。自分や現地スタッフの**人命第一**に行動することが肝要である。

Column5　こころが疲れたら

　こころが疲れた時には一休みすることも大切です。現地の人々の時間の過ごし方に学びましょう。ブラジルでは週末は朝からビーチに出かけて友人たちと一日中おしゃべりをして夕暮れまでのんびり過ごし，夜はバーやクラブに繰り出します。私は平日の夕方はサンバスクールに通って，踊りをマスターし，カーニバルで「ステップを教えてほしい」と頼まれたこともありました。気持ちが落ち込むことがあったら一人で抱え込まず，早めに友人や知人，医療職の人に気軽に相談してみるとよいでしょう。

　自分の限界を謙虚にオープンに受け止め，こころを開いて現地の人々の声に耳を傾け，共に歩むことで問題の本質を見極めることもできるでしょう。仲間として認められて初めて本音を聴くこともできます。人間同士の温かい交わりを土台に築かれた歩みは揺らぐことなく，長く引き継がれていきます。行き詰ったときには一歩下がって，現地の人々の生き方，知恵，気分転換に学ぶことで人生の幅も豊かに広がり，自分の中の引き出しの数が増えていくことでしょう。それが後に大きな宝になります。

（吉野八重）

4節　本部事務所（国内）と現地事務所（海外）の役割

【Keywords：本部，現地事務所，プロジェクト運営，組織運営】

i) 国内と海外の事務所とは

　日本を主な拠点とする組織では，国内にある本部事務所（**本部**）が主に**組織を統括**する役割を持つ。海外にある**現地事務所**は，海外プロジェクトの立案や実施の役割を担う（5章参照）。団体の成り立ちや目的に応じて，国内・海外それぞれで，機能の分担や運営形態が独自に設定されているところもあるだろう。ここでは上記の区分に沿った主な役割について述べる。

ii) 本部の役割

　本部は組織の方針を決め，人事・総務などの組織運営，資金集めを行う。現地に派遣する人材を雇用し，**現地事務所**の立ち上げや運営を支援する。どの民間支援団体にとっても，資金集めは重要な課題である。現場で必要とされる支援を行うためには，安定した収入が必要であるが，寄付文化が成長途上の日本

では，一般社会からの資金集めは労力が必要である。活動の意義を効果的に宣伝する技術や資金に欠けるところも多く，政府機関や財団に申請書を提出し，まとまった資金が得られる助成金に頼りがちになることもあるだろう。**本部の重要な役割（関心）は資金獲得の戦略を遂行し，安定した運営を行うことである**（5章2節参照）。

iii）現地事務所の役割

現地事務所は**本部**からある程度独立して支援活動としての**プロジェクトの企画・実施などの運営**を行う。支援活動は専門的な見地から効果的な活動を効率よく実施して成果をあげなければならない。

加えて，**現地事務所**では，現地の人材を雇用し，その国の法律に従って外国の支援組織としての**組織運営**を行う。日本での常識が必ずしも通用せず，予想もしていなかった問題が起こることもある。現地に派遣されたスタッフは，厳しい条件でその社会の仕組みに合わせた柔軟な組織運営が要求される。問題発生時には，**現地事務所**が問題を処理するか，**本部**が解決に乗り出すかの線引きが難しいが，問題が小さい初期の段階では現地で解決することが期待される。

5節　組織と運営

1）組織と組織作り

【Keywords：組織，人間関係，組織図】

i）組織とは

組織とはある共通の目的を持った個の集合体である。目的を達成するための最適な役割や機能を組み合わせ，個では達成できない成果が期待できる。国際協力活動にも途上国の住民の生活向上という共通の目的を持つ組織が必要である。

どのような組織であれ，二人以上いれば**人間関係**が生まれる。その中には雇用主と被雇用者という雇用関係，上司と部下という縦の関係，同僚同士という横の関係などがある。非政府組織（NGO）であれば，その使命を達成するための専門知識やモチベーションを有する人材を雇い，職務を割り当て，業務を遂行させる。

組織の関係性で理解しておきたいのは**縦の関係**である。図5に示されるように，上司と部下は縦の

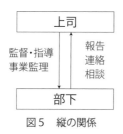

図5　縦の関係

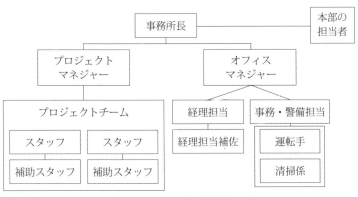

図6　団体組織図例（現地事務所）

関係にあり，一緒にプロジェクトに携わるが役割が異なる。上司は部下を監督しながら全体をみてプロジェクトの進捗を確認する。部下は，担当する活動を行い，結果を**報告**し，情報があれば**連絡**し，問題があれば**相談**する（俗に "**報**・**連**・**相**" と呼ばれる）。必要となれば上司は部下を指導・育成し，活動が意図どおりに進むようにサポートする。上司は発生する課題を解決し，プロジェクトをスケジュールどおりに進行する責任がある。

ii）組織図とは

大勢の人が関わるほど，明確な**組織図**が必要である。組織図とは図6のように，肩書，役割，個人が紐づけられる。誰がプロジェクトを管理し，誰が誰に報告する義務があるのかが一目でわかるようになっている。プロジェクトを効率的に進め，コミュニケーションを円滑にするためには，命令系統が明確であることが大事である。

iii）人間関係は悩みの種

途上国に派遣される日本人駐在員は，往々にして組織図の上位に位置することになるだろう。若い人でも，未経験のまま上司の立場となるかもしれない。注意しなければならないのは，縦の関係を管理という名目の支配・被支配と勘違いすることである。特に異文化であることから生じやすいコミュニケーションのすれ違いは，人間関係に摩擦を生じやすい。全てのメンバーの人権と尊厳は守られなければならないことを肝に銘じて，注意して組織運営を行わなければならない。また，人間関係が悪化して信頼関係が失われるとどちらにとってもストレスを増加させ，心の問題に発展することもある（2章3節7参照）。

iv）上司としての役割と組織作り

　上司の役割は一人ひとりの現地スタッフが最大限の能力を発揮できるように働く環境を整えることである。人数にもよるが個別面談をするなど，距離感を縮めお互いの目的をすり合わせ，成果を確認するような機会が定期的に持てるとよいだろう。

　部下にも上司が適切な判断ができるよう情報共有を怠らないようにして欲しいと思うかもしれない。異文化においては，日本のあたりまえを押し付けず，部下に何をどうして欲しいか，その理由など，具体的に相手が腑に落ちるように説明していくしかない。理解してもらうには根気が必要である。しかし，一人ひとりと良い関係性を築こうとする態度や相手を信頼しようとする姿勢が伝わることで協力しあう組織作りにつながる。

　２）外部組織との連携
　　　【Keywords：情報共有，連携，ネットワーク組織】
　i）外部組織との連携の必要性

　同じ分野で活動する団体は似通った目標を掲げて活動を行っていることがある。そのような団体が同じ国や地域にある場合には十分に情報共有し，時には連携するとよい。特に活動地が重なり，同じ活動が重複することがないように連携しながら調整ができるとよい。連携の対象として，重要なものには２つある。

　一つ目は，現地の役所である。ここは重要なパートナーとして意識する必要がある。対象国の状況によるので一概には言えないが，大概の国では支援団体は管轄の役所とパートナーを組んで地域の発展や福祉の向上を目的にそのキャパシティを向上させる役割を期待されている。それぞれ得意とする分野や課題に役所を巻き込むことで，技術やノウハウを伝えることができる。役所に地域の支援団体の情報が集約されれば，複数の支援団体の活動を効率的に調整することも可能である。

　二つ目は，同じ事業地で活動する支援団体や援助機関である。こことは情報交換ができる関係性を築くことが重要である。一対一で連絡を取ることもできるが，ネットワーク組織などがあれば，定期会議などに参加して最新の情報を得たり，共有することは，活動に好影響を与える有用な機会となる。

ⅱ）ネットワーク組織の例

　カンボジアの例を挙げると，ネットワーク組織の一つに JNNC（Japan NGO Worker's Network in Cambodia：カンボジアで活動する日本 NGO スタッフの ネットワーク）がある。各団体はそれぞれ独自の目的をもって活動を進めてい るが，直面する問題や必要とする情報は同じということもあり，情報交換は有 用である。治安情報，行政手続き，法律，最新の社会問題や政治状況など，小 さな組織だけでは知ることが難しい情報を経験者が共有する仕組みとなってい る。分野ごとに担当省庁とも連携するネットワークが組織されることもある。 省庁が各州で活動する支援団体への通達の手段としてネットワークの定例会を 活用している。ネットワークのメンバーでなければ通達からも漏れることにな りかねない。また，メンバーとして情報共有プラットフォーム[注1] を支える努 力が必要である。メンバー組織はその有用性から，無償でネットワークを維持 することが多い。

3）会計管理の基本知識

【Keywords：会計報告書，二重チェック，為替レート】

ⅰ）資金を扱う際の心構え

　途上国でのプロジェクトや事務所で使うお金は支援者から預かった目的のあ るお金である。厳重な管理を行って正しく使うことが肝心である。事務所には 金庫を置いて，現金はその中に厳重に保管する。これを扱うスタッフは責任が 伴い厳選される。

　物品購入の前に，使用目的，購入金額，個数などの書類を提出する手続きを 踏む。書類の内容を精査し，責任者の承認を得て，現金はスタッフに渡される。 資金の使用を承認する責任者と，現金を扱う会計管理者を分けて二重チェック する体制も大切な要素である。

　定期的に会計報告書をまとめる。各組織の規程によるが，月1回などに決ま った作業や手順を行う。会計を苦手とする人は多いようだが，考え方はシンプ ルである。［入金額］－［出金額］＝［残高］の数値が合っていればよい（4章 4節3参照）。

（注1）　情報共有プラットフォーム：現地での情報が集約・伝達される場のこと。

ii）基本的な会計手順と注意点

　基本の手順は３つである。①その月の使用した金額は**領収書など証拠となる書類**に基づいた金額であることを確認し合計を出す。②月末の決まった日に残高を確認し合計を出す。③［月頭の残高］－［使用した金額］＝［月末の残高］となるように整理する。数字が合わないということは，どこかが間違っているということである。合うまで確認しなければならない。銀行や商品の購入店あるいは支払い相手など資金の移動がある場面で，意識して証拠となる書類を集める。

　複数の通貨が流通している国もある。それぞれの**為替レート**にも注意しなければならない。合計を出す際に誤差が生じるところなので工夫が必要である。予算書や会計報告には品目（item）ごとに実際に使用する通貨建ての金額を記入する。証拠となる書類と報告書の金額に齟齬（そご）がなくなり，誤差も最小限にとどめることができる。

　途上国では店側が領収書を準備していないところもある。各組織で領収書がない場合にはどうするか事前に取り決めておくとよい。自前の領収書に記入してもらう場合もあるし，少額なら自分で使用した金額の精算書を作成し会計管理者に請求するなど，さまざまな方法がある。

　法人に対して**税金**を課す国もあるので，各国の法令に従う必要がある。法令の変更など新しい情報が入るように会計士や他団体との情報共有は重要である。

Column 6　お金が消えた！？

　現地スタッフを信頼することは大切ですが，お金の扱いには緊張感が欠かせません。優秀で性格がいい人であっても，大きな借金を抱えている家族や親せきがいたりすると，"人を助けるため"という理由で，つい組織の資金を"借用"するといった出来事が起こらないとも限らないからです（実際，どこの組織においても大なり小なりの経験があるかと思います）。

　そのようなことを起こさないために経理規程や会計手続きなどの規則があります。お金については，特に厳しく律する必要があります。同様に，管理責任者である日本人駐在員のお金の扱い方や姿勢にも細心の注意を払わなければなりません。管理責任者が誠実にそして公正に予算を使うことは，スタッフからの信頼を得ることにつながります。

　　万が一，盗難などが起こった場合には，事実を適切に把握したうえで，必要なら警察へ届けることを検討しなければなりません。スタッフを犯罪者として扱うことは厳しすぎると思うかもしれませんが，組織のお金を預かるにはこれくらいの心構えが必要だと思ってください。普段より“絶対に盗難を起こさない”という強い姿勢で会計手続きを慎重に行いましょう。

（中田好美）

4）プロジェクト運営・PDCA サイクル

【Keywords：プロジェクト，プロジェクト運営，PDCA サイクル】

i）プロジェクトとは

　国際協力の分野では，“プロジェクト”という言葉を日常的に使う[注1]。簡単に言うならば，明確な目的のもと企画された国際協力のための“事業”のことを，プロジェクト（project）という用語で表す。プロジェクトは基本的な構成要素（ボックス7）を一つずつ明確にしながら立案される。

ii）プロジェクト運営と PDCA サイクル

　プロジェクト運営（project management）のために，よく使われる概念は，PDCA サイクル（図 7, 8）である。これは Plan（計画）・Do（実施）・Check（確認/評価）・Act（改善）の順に，経時的に連続性をもって，成果を高めていく方法で，分野を問わず取り入れられている運営方法の一つである。

　ただし，途上国のプロジェクト運営で PDCA サイクルを使う場合，目標は仮説に過ぎないとの認識を持つこと，想定外の問題（制約条件）も起こりうることから計画に余裕をもっておく必要がある。Check 段階においては，量的データの数値目標は目安にしかならないことも多い。質的データとしての観察や対象への聞き取りなどを取り入れて現実的な成果の確認 / 評価をすることをお勧めする。

6節　現地で使える基本スキルとツール

1）2つの基本スキル：ファシリテーションとマネジメント

【Keywords：ファシリテーション，マネジメント】

　国際協力活動を効果的に行うには，言語も背景も異なる人々がチームとして

（注1）　本書でも「事業」の意味で「プロジェクト」（project）という言葉を用いる。

ボックス7　プロジェクトの構成要素[1]

①目的：何のために実施するのか
②主体：誰が実施するのか
③対象：誰のために実施するのか
④手段：どうやって実施するのか
⑤期間：実施する期間
⑥外部条件：外部環境の条件
⑦制約条件：実施に制限をもたらす条件

図7　PDCA サイクル

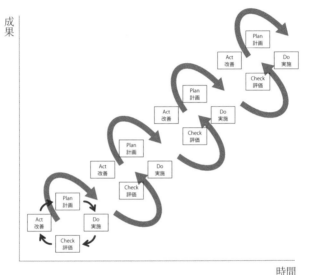

図8　PDCA サイクルの連続性

目的を共有し協働をしていく。その際に役立つ2つの基本スキルに，ファシリテーションとマネジメントがある。

　ファシリテーション（facilitation）を簡単に言えば，“目的とする課題解決に協働するチームメンバーが主体的に取り組むように促すこと”である。つまり，マネジャーは「チームが前向きに創造的な議論を展開するためには，自分はどう働きかければいいか？」[1] を常に自身に問い正すことのできるファシリテーション・マインドを持つ必要がある。

　マネジメント（management）を簡単に言えば，管理・運営のことであり，目的や目標を達成するように全体を見ながら調整をし進行をしていくことといえるだろう。

ボックス8　8つの王道ツール

> ツール1：アクティビティを楽しみながら議論できる場作り（ワークショップ）
> ツール2：初めて出会うメンバーと仲良くなれる（アイスブレイク）
> ツール3：メンバーとアイデアを共有する（ブレインストーミング＆グルーピング）
> ツール4：共通目標を確認し，チームワークを高める（ゴール・ツリー）
> ツール5：プロジェクト企画の論理性を説明する（ロジカル・フレームワーク＆PDM）
> ツール6：参加型計画手法Ⅰ　現場で一緒に企画する（PCM）
> ツール7：参加型計画手法Ⅱ　読み書きができなくても一緒に企画する（PLA）
> ツール8：メンバーが主体的に動くことを促すコツ（コーチング）

　努力した結果，何も変化が起きなかったからヤル気を失った……こんなことは誰もが経験することではないだろうか。途上国では，このような"ヤル気がない"や，常に上層部からの指示を待つ"指示待ち"の思考パターンのメンバーに出会う事が多い。これは，これまで企画や計画など自分で決められる機会がなかったことから生じている現象である。そんな愛おしいメンバー達のヤル気をくすぐるために，とっておきの8つの王道ツールの概要を本書では紹介する（ボックス8）。ツール1から3は，ファシリテーションスキルの基本である。これらは，ツール4から8のプロジェクト運営スキルにも組み合わせて活用できる。

2）8つの王道ツール

| ツール1 | アクティビティを楽しみながら議論できる場作り（ワークショップ） |

【Keywords：ワークショップ，ファシリテーター，チーム・ビルディング】

ⅰ）ワークショップとは

　ワークショップとは，**参加型の学習の場**である。ゲームや交流などのアクティビティを取り入れながら会議や研修で活用することが多い。企画運営をするファシリテーターの腕しだいで効果的になるだろう。国際協力活動では，チームメンバーの主体的な参加を促進でき，人材育成にも有効である。

ⅱ）基本要素とコツ：

　表5にワークショップ企画時の基本要素が入った企画書のフォーマットがある。これを基本に，笑いや笑顔が出そうなユーモアやゲーム的な楽しみを含めた**学びのプロセス（導入－展開－まとめ）**を作ろう。「参加者は大人なのに子ども扱いして大丈夫？」と思うかもしれないが，いかに大人の"子ども心をく

表5　ワークショップ企画書

1．目標：（目指す成果を具体的に表現）
2．ねらい・目的：（なんのために開催するか）
3．参加者：（対象となる参加者）
4．日時・場所
5．内容と方法
6．必要物品と個数
7．予算
8．当日のタイムスケジュール表（役割，担当者）

フェーズ	時間 ○：○	内容項目	内容課題	担当者の 役割	担当者
導入 （○分） …					
展開 （○分） …					
まとめ （○分） …					

すぐる"かがコツである。これにより，参加者が緊張を解きほぐし，心を開いて，集中できる（つまり，誰も居眠りをしない！）。そして，その学びは楽しい思い出とともに強く記憶に残る。記憶に残るからこそ，持続性をもってその学びを活用できるのである。「メンバーと一緒にいろいろ**協働作業**ができて，あー楽しかった！」という感想が終了後に聞けたら，上手くいった証拠の一つだろう。企画者側であるファシリテーターも心置きなく，率先して子ども心を全開にして楽しんでほしい。このように皆で集まり，ワイワイと話せる場は，メンバー同士が仲良くなれる**チーム・ビルディング**の場としても大いに利用できる好機である[1)]。

ツール2 ┃ 初めて出会うメンバーと仲良くなれる（アイスブレイク）

【Keywords：アイスブレイク，コミュニケーション】

i）アイスブレイクは，より良いチームワークを生むための"つかみ"

アイスブレイク（ice break：「氷を解かす」という意味）とは，ファシリテー

ボックス9　アイスブレイク例：『3コマ自己紹介』[2]

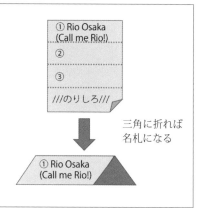

「3コマ自己紹介」
場面：初対面・相互理解
人数：1グループ3-5名
時間：10分
物品：A4用紙1枚，ペン
方法：
　1．紙を右図のように4つに折る
　2．枠にそれぞれ，①氏名と呼び名，②所属・
　　　役割，③（場にあわせた項目：楽しいもの）
　3．紙を名札として机に置く
　4．1つひとつの面が相手に見えるように
　　　クルクルと回しながら自己紹介（質問
　　　OK）

ションを成功に導くための準備運動のようなものである。ワークショップや研修の冒頭に取り入れることで，初対面のため緊張でガチガチだったメンバー達が，お互いを理解し，氷が解けるように「このメンバーと一緒に作業をしていこう！」と心を一つにするための大切な時間となる。打ち解けた後のメンバー間のコミュニケーションは見違えるように促進されるだろう。

　ii）アイスブレイクの方法とコツ

　どんなアイスブレイクをするかは，その日のワークショップや研修の内容や参加人数に合わせ，簡単な作業やゲームを選ぶ。例えば，これからのプロジェクトを一緒に遂行するメンバーとの初回であれば，各々が自己開示を楽しく行い相互理解を深められるようなものを選ぶとよい。ボックス9に，『3コマ自己紹介』というアイスブレイク例を載せた。3項目の自己開示をするものであるが，全てをファシリテーターが指示をせず，最後の1項目はグループ内で自由に決めてもらえば，メンバー間の主体性が高まりチーム・ビルディングを促進することもできる。このように，ファシリテーターが参加者の人材育成を意図してアイスブレイクを使うとさらに効果的である。

| ツール3 | メンバーとアイデアを共有する（ブレインストーミング＆グルーピング）|

　【Keywords：ブレインストーミング，情報の見える化，KJ法】

　i）ブレインストーミングは，プロジェクト企画の第一ステップ

　ブレインストーミング（頭を活発に働かせるという意味）とは，プロジェク

ボックス10　KJ法実施手順

準備：A4程度の紙数枚（片面が白紙の古紙や名刺サイズの付箋でもよい），ペン，（あれば，ホワイトボードか模造紙，テープか糊）

方法：

1．紙を名刺大の大きさに切りカードを作る（共同作業で，紙に折り目をつけ，手でちぎって作成すると楽しい）

2．各自に10枚程度のカード，ペンを配布

3．共通のテーマについて，まず，各自で頭の中で考えている内容について1枚に1事柄（キーワード）ずつ記載。言葉で表現できなければ，絵でもOK。

4．メンバー間で手持ちのカードを全て机の上などに広げ，それがどういうものなのかを説明，質問し合う共有の時間をもつ。追加された情報はカードの余白に追記する。

5．机の上に，内容が類似のカード同士を近くに貼って，グループ化しタイトル名（表札）を付ける（これをグルーピングという）。

6．グループ間の関係性（並列・相違・因果など）を議論し矢印・線を結び整理すると，メンバーの頭の中が見える化される！

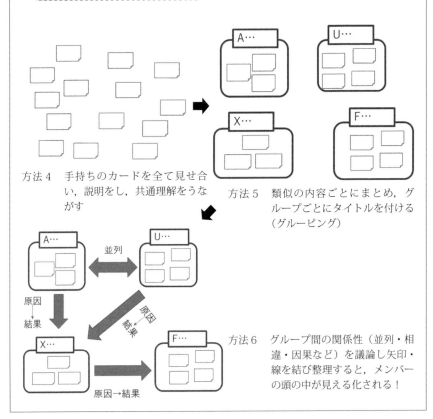

方法4　手持ちのカードを全て見せ合い，説明をし，共通理解をうながす

方法5　類似の内容ごとにまとめ，グループごとにタイトルを付ける（グルーピング）

方法6　グループ間の関係性（並列・相違・因果など）を議論し矢印・線を結び整理すると，メンバーの頭の中が見える化される！

ト企画をするために複数のメンバーでお互いのアイデアを共有するために行う第一のステップである。メンバーが思いついたアイデアを，評価はせずにどんどん書き出していく。アイスブレイクで打ち解けたメンバー達が，楽しみながら各々の頭の中で描くアイデアのかけら（keywords）を出しあったら，次に KJ 法[3] を使って**情報の見える化**を行う。

ii) KJ 法を用いてアイデアを整理する

KJ 法とは，雑多な情報を論理的に整頓し，見える化（図式化）する方法である。基本的に，紙とペンさえあればできるのでどこでも誰でも容易に実施することができる。

ボックス 10 のように手順に沿って，進めてみよう。ファシリテーターが不慣れな場合は，一人でもできるので，事前に予行演習してみるとよい。参加するメンバーが初めての場合，場を盛り上げ励ましながら最後まで進めると成果物が見える化できて達成感が大きいだろう。

ツール4 | **共通目標を確認し，チームワークを高める（ゴール・ツリー）**

【Keywords：プロジェクト目標，達成（成果）目標，ゴール・ツリー】

i) チームメンバーが目指すべき "プロジェクト目標" とは

プロジェクトを組み立てるには，まず表6の**プロジェクト目標**の要素を確認しよう。これらを明確にして，日本語で 300 字，英語なら 100 words 程度で簡潔にまとめてみよう。

途上国での支援が目的であるなら，"誰に"，"何を"，"なぜ" という部分には，公共性や公平性，弱者救済などの社会正義的な価値観が含まれるだろう。

表6　プロジェクト目標の要素

誰が	プロジェクトの運営主体
誰に	プロジェクトの対象者（集団）
何を	プロジェクトのアウトプットや成果物
いつ	プロジェクトの期間
なぜ	プロジェクト実施の理由・必要性
達成目標	プロジェクト完了の基準値・目標イメージ
予算	これからの活動に必要な金額

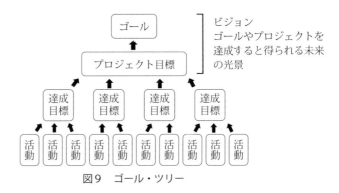

図9　ゴール・ツリー

ワークショップでメンバーを巻き込み一緒に考えていくことが重要である[4]。

ii) プロジェクト目標達成の仕組みをメンバーと共有する

　プロジェクト目標が明確になったら，目標をどのように達成していく仕組みになっているかをメンバーと話し合う。プロジェクト目標を達成するための"達成（成果）目標"を明確にし，またその達成目標を叶えるための具体的な日々の"活動"をその下につなげてみよう。プロジェクトの全体像が見えてくる。このような図をゴール・ツリー（goal tree）といって，メンバー間の共通理解を促すツールになる(図9)。一人ひとりのメンバーの日々の活動がどのように目標につながっているかを理解できたらリーダーの意図が理解されチームワークも高まるだろう[5]。

ツール5　プロジェクト企画の論理性を説明する（ロジカル・フレームワーク＆PDM）

【Keywords：ロジカル・フレームワーク，プロジェクト・デザイン・マトリックス】

i) プロジェクト企画をわかりやすく説明するツール

　ロジカル・フレームワーク（logical framework/logframe）[6]とは，プロジェクト企画を論理的に説明するためのツールである。プロジェクトで計画された活動がどんな成果を生み出し目標達成につながるのかをストーリー展開で見えるように整理されている。

ii) 4つの基本事項

　国際協力分野では，"活動"，"成果"，"プロジェクト目標"，"上位目標（ゴール）"の4つの事項は下位から上位で「手段→目的」の連鎖の関係にある。図10は，右列の持続可能な外部条件が整うことにより，左列の下位から上位へ目

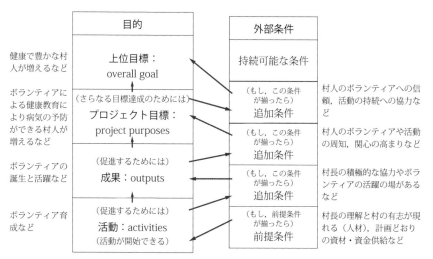

図10 ロジカル・フレームワークの仕組み（JICA, 2004 を改変）[6]

標達成（サクセス・ストーリー）につながるロジカル・フレームワークの仕組みを示す。

iii) サクセス・ストーリーの事例

> 例）ある農村での課題の一つに，村人の病気が悪化しやすく，いつも患者で混雑しすぎる病院があるとする。（前提条件として，村の有志が現れることなどがある。）

A. 活動（activities）：前提条件が満たされることで，活動の実施（手段）が可能となり，成果（目的）へつながる。

> 例）村の希望者を対象に健康知識を持つ保健ボランティア育成を行った。

B. 成果（outputs）：成果が得られる（手段）ことによって，プロジェクト目標の達成（目的）へとつながる。

> 例）30 名の保健ボランティアが誕生し，村人へ健康教育を実施した。

C. プロジェクト目標（project purposes）：プロジェクト目標とした課題解決がなされる（手段）ことで，上位目標（目的）へ向かう。

> 例）病気や悪化を未然に防ぐ村人が増え，病院の混雑が減少。

表7　プロジェクト・デザイン・マトリックス（PDM）[7]

プロジェクトの概要	指標	確認手段	外部条件
上位目標　↑			
プロジェクト目標　↑			
成果　↑			
活動			

D. 上位目標（overall goal）：目指すべき社会の好ましい状態や方向づけがなされる。

> 例）健康保持ができる村人は，農作業の生産性も上がり，病気のために金品を浪費することが少なくなったため生活が豊かになった。

iv）サクセス・ストーリーの条件

　プロジェクトを取り巻く条件（前提条件・追加条件などの外部条件）は，人材，資材，資金などの確保があり，プロジェクトのサクセス・ストーリーを握るカギとなる。前提条件では，それらの条件が揃わないとプロジェクトが始められない。前提条件・追加条件などの外部条件は，ロジカル・フレームワークの4つの基本事項に沿って計画段階から具体的に見極めておき，次段階への展開を成功に導く条件として確保される必要がある。

　v）プロジェクトの進捗の評価の手順を整理できるツール

　プロジェクト企画の概要と取り巻く条件が明確になれば，プロジェクト目標の達成にむけて進捗を評価する指標があるとよい。これは，評価までを想定した計画立案の手法（result based approach）であり，効果的な運営に役立つ。

　プロジェクト・デザイン・マトリックス（Project Design Matrix: PDM）は，目標・成果・活動と対応する指標の確認手段，さらに外部条件をわかりやすく1枚の用紙に整理できる枠組みとして便利なツールである（表7）[7]。

ツール6 ｜ 参加型計画手法I　現場で一緒に企画する（PCM）

　【Keywords：参加型手法，プロジェクト・サイクル・マネジメント，持続可能性】
　i）プロジェクト企画は，現場で一緒に考える
　ロジカル・フレームワークを作るプロセスに一緒に現地の関係者も参加して

表8　PCMの8つのステップ

①参加者分析「誰がどのように関わるか？」 ②問題分析「何が問題か？」 ③目的分析「問題が解決された状態と方策は？」 ④代替案分析「最適なプロジェクト案はどれか？」	分析段階
⑤ PDM作成：④で選択されたものについてPDMへ反映する ⑥詳細な活動計画表	計画段階
⑦軌道修正のための進捗状況のモニタリング ⑧評価（中間・最終など）	モニタリングと評価段階

もらう**参加型手法**として，プロジェクト・サイクル・マネジメント（Project Cycle Management: PCM）がある。これは，プロジェクト終了後の**持続可能性**を目指して，現地のニーズを反映させた計画を合意しながら進めていく方法の一つである。合意した内容について，ロジカル・フレームワークを組み立て，PDM（表7参照）と呼ばれる表を用いてプロジェクトを効率良く管理する方法である。ここでは，アイデアを端的に紹介する。

ii）PCMの主要な8つのステップ

PCMには主に8つのステップがある（表8）。ステップ①〜④は，参加型手法を用いたワークショップで合意を確認しながら進めていく企画案策定段階であり，⑤以降は，プロジェクト運営に関わる部分である。詳細は，PCMハンドブック[8]を参照のこと。PDCAサイクルにも準じている（2章5節4参照）。

ツール7　参加型計画手法II　読み書きができなくても一緒に企画する（PLA）

【Keywords：PLA，住民主体】

i）読み書きができない地域住民も"共に考え決定"ができるツール

特に草の根レベルのプロジェクトにおいて，対象地域の人々が，たとえ文字の読み書きができなくても，外部支援者と地域住民が一緒に計画をし，決定・実施したことを観察（評価）し，それを踏まえて次の計画を立てていく参加型計画手法としてParticipatory Learning and Action（PLA）がある。地域住民のニーズに合わせた**住民主体**のプロジェクト企画が期待できる。ここでは短くアイデアを述べ，詳細は参考図書・資料をお勧めする[9) 10) 11) 12)]。

ⅱ）４つの軸に沿って対象地域の住民の生活状況を把握（見える化）する

・**時間軸**：地域の歴史年表，季節の行事カレンダー，日課表，未来構想について聞き取り，表やイラストで表現する。

・**空間軸**：対象地域やその周辺について，どのような社会経済的な機会や資源・施設があるかを実際に地域住民と一緒に歩いて地図に情報を書き入れていく。

・**社会関係軸**：住民をさまざまな属性のグループ（年齢層，性別，職業など）に分けて，その関係性をグループ毎に図示してもらい地域の社会関係の相関図を作成する。

・**経済関係軸**：住民がどのように収入を得ているか経済機会の存在を社会関係軸同様に図示してもらい，相関図を作成する。

これらの４つの軸に沿って出てきた情報を，過去の調査や既存のデータで補足することで住民の生活をある程度把握することができ，具体的なプロジェクト企画立案のヒントとなる。

ⅲ）活動の優先順位を住民主体で決める方法

活動の候補が複数ある場合，どの活動を優先的に実施するかを**住民主体**で決める有効な方法に，10 個の石（もしくは種など）を個々の参加者に渡し，優先すべき活動に投票してもらう Ten Stones（Ten Seeds）手法がある。読み書きができない住民でも参加ができる手法である。

| ツール8 | メンバーが主体的に動くことを促すコツ（コーチング） |

【Keywords：コーチング，糸ほぐしの４Ｗ】

ⅰ）メンバーの表情は，管理者の力量を映す鏡

途上国でのプロジェクト運営は，経験の浅いメンバーと共に大海原へ航海に乗り出すイメージに近い。荒波（ハプニング）に何度も揉まれながら，共に目標を確認し最善の方向を考えつつ進んでいくのである。これには，各々のメンバーの成長を促し，力を付けていく人材育成の意図を持った**コーチング**（coaching）の考え方が有用である。コーチングでは，メンバーが「自ら納得した答えを創り出す」サポートを行う。

プロジェクトが上手くいかず，メンバーが浮かない顔をして混乱している時には，ボックス 11 の "糸ほぐし（問題分析）の 4W" を使って対話をしてみよ

ボックス 11　糸ほぐしの 4W

・When（いつ）
・Where（どこで）
・Who（誰が）
・What（何を）
※ 5W1H の「Why（なぜ）」は, 相手の釈明や謝罪の反応を導く,
　「How（どのように, どうだった）」は, 漠然とした考えや
　感想を導きやすいため, 解決につながりにくいので外す。

う。問題が生じている時, 小さな原因がいくつも隠れていて結果につながっていることが多い。それを "Why（なぜ）" と "How（どのように, どうだった）" の質問を外すことで釈明・謝罪の反応, 漠然とした感想や考えを導くことなく, 絡まった解決の糸口を見つけることができる [13] [14] [15]。このような安心感のあるプロセスを重ねることが日々の信頼関係につながる。さらにこのコーチングの姿勢は, メンバーに模倣されることで組織全体の成長につながる。

　ii）メンバーが主体的に考え動くようにするには？

　終了後にあるべき姿を想定し, 少しずつ自立した組織運営が保てるように, "チームでの課題解決", "権限・裁量の段階的引き渡し" を取り入れると効果的である。誰でも失敗はしたくないが, 経験してみないと理解できないことがある。管理責任者（マネジャー）は, メンバーの経験を寛容に見守りながら, "学び" につなげるような建設的な振り返りをすることで経験知を促進する。年々, メンバーの顔に自信が満ち溢れてきたら, 成功に向かう航路を進んでいるということだろう。

Column7　日本人だからといって魔法は使えない

　開発途上国での日本人のイメージは，ハイテク，勤勉，知識人などとポジティブなものが多く聞かれます。なんだか，凡人なのに自分までハイスペックであるかのように大いに期待されたりします。例えば，インフラの整わない地域で「中古発電機はどれが良いか？」と聞かれたり，スタッフ間のいざこざ，家庭事情の相談までも，困りごとは全て日本人へと"よろず相談"のようになることがあります。

　きっと，これまで出会った日本人がとても真摯に彼らに向き合ってきたおかげで良い評判を残して下さったのでしょう。もちろん，たまたま知っていることであれば，一瞬で魔法のように解決できることもあり，"期待を裏切らない日本人"を演じて少々鼻高々な気持ちになるかもしれません。しかし，あまりに多いと，彼らの判断力や自ら考えて解決しようとする力を伸ばす機会は失われていきます。

　正直，わからないことも多く，解決策は一つだけではないでしょう。「わからないので，一緒に考えてみようか」という姿勢が，日本人が去った後に，彼らに根付くようになればいいなと思います。

（岡本美代子）

第3章　途上国への赴任

1節　右も左もわからない土地で何からやればいいの？〈ストーリー3〉

i）初めての海外赴任

　もうすぐ，現地の空港に到着する飛行機のなかで，里桜（りお）さんはあっという間だったこの1年間を振り返っていた。インターンを終えた後，修士論文を書きながら，マネジメントに関するビジネス書を読んだり，セミナーに参加したりしてひととおり基本スキルやツールのアイデアは身につけてきた。実践には不安もあるが，なにより4月から就職したNPOの本部で好美センパイと一緒に実務に携われることが嬉しく，毎日，目新しい実践業務を覚えていくことに夢中だった。

　その頃，カンボジアで新しい地域でのプロジェクトの立ち上げが決定し，そのスタッフの一員として里桜さんの海外赴任が決まった。一足先に現地で事前調査をしている加奈子さんと6月に合流し，プロジェクト開始の基盤を整えることとなった。

　ハッキリ言って，何もわからない!!!　パニクってる里桜さんを見透かしてか，現地にいる加奈子さんはWeb会議で，「最初は何にもわからないもんよ。私が教えてあげるからダイジョウブ！」と日焼け顔でのビッグスマイルで応えてくれ，ほっと安心できた。加奈子さんは，アフリカの難民キャンプでの経験もある百戦錬磨のセンパイである。「あとで，滞在時に役立つグッズをメールするね」と言ってくれて，冷静になれた。そうだ！具体的に準備をしないと。それから，1か月余り本部では好美センパイを始めとした皆さんにお世話になりながら赴任日を迎えた。

ii）さて，何からやればいいの？

　翌朝，夜明け前から何やら騒がしい。ニワトリのけたたましい鳴き声やスピーカーから流れる大音量のお経が聞こえる。「ああ，ここはカンボジアだった

……」昨日，プノンペンの空港に到着し加奈子さ
んと一緒にコンポンチャムという町にあるホテル
まで車で3時間かけてやってきた。とりあえず，
疲れているだろうからと早めに解散して，一人に
なったらホッとして寝落ちしたのだった。到着し
た頃は，真っ暗だった窓に朝日が薄っすら差しは
じめ，大きな川がゆったりと流れキラキラと輝い
ているのが見えた。

　加奈子さんと合流し，朝食（本日は無難にコーヒーとトースト＆スクランブ
ルエッグ）を食べながらこれからの計画を立てた。早々に住居・生活を整える
こと，現地事務所を立ち上げること，現地人材のリクルート（募集）を行う予
定である。そして，まだ出逢っていない未知のメンバー達と現地事務所を運営
し，3か月後には，専門家の短期派遣の準備もしなければならない。次々に初
めてやることが満載で里桜さんの顔がしだいに曇った時，加奈子さんが「まず
は，この国や地域に慣れることからだね。午後は，案内するよ。そういえば，
美味しいローカルレストラン見つけたんだ」と茶目っ気たっぷりに笑った。胸
につっかえていた不安がすうっと消え，なんだかワクワクする気持ちが湧いて
きた。

2節　現地での生活基盤を整える

1）住居，生活を整える

【Keywords：住居，セキュリティ，環境への適応】

i）住居を選ぶ

住居は，仕事から解放されリラックスできる場として良い仕事をするうえで重要である。途上国では，停電がよく起こったり，シャワーは冷たい井戸水だったり，部屋の隅からネズミが現れたりと，日本のような快適さは求められない。でも我慢大会ではないので許容できることを考えつつ快適な所を探したい。

駐在員の住居にはさまざまあるが，都市部か農村部かで条件は変わってくる。ここでは敷地・建物全体が管理された**ホテル型**（ゲストハウスなども含む）と，より自立した**アパート型**（一軒家含む）住居を紹介したい。

ホテル型の住居は入口に受付があって，宿泊客や関係者のみが敷地あるいは建物に出入りできるという意味でセキュリティがしっかりしている。交渉すれば月極めで部屋を借りられることもある。毎日部屋の掃除やタオルの交換がされ，清潔を保てる。部屋のランクによって家具・備え付けのアメニティが異なる。ゲストハウスなど低価格の部屋では最低限の備え付けで，トイレ・浴室が共同であることが多い。ホテル型の短所としては，途上国では従業員による盗難がないとは言えず，実質的な**セキュリティ**は自分で確保するしかない点である。また，キッチンがないことが多いため，自炊したい場合には不便である。

アパート型の住居は自由に敷地に出入りでき，部屋にトイレ・浴室（バスタブがあるとは限らないが）が独立して備えられていることが多く，キッチンもあれば自炊が可能である。自由度が高く，一般的な都市部の一人暮らし用住居である。コンドミニアム様式であれば，ホテル型とアパート型のいいところを併せ持っており，より設備の整った施設が多い。農村部に多い一軒家（もしくは，その1階や2階部分の借用）では，家のオーナー次第で家具が設置されている場合もある。また，交渉すると希望するものを備え付けてくれることもある。飼い猫がいるオーナーさんの家だと，ネズミの問題も安心かもしれない。

いずれのタイプを借りる場合であっても，賃貸契約の前に内見し，水回りや備品のチェックをするといいだろう。

ii）どんな設備があればよいか

現地では電気・水道にも事欠くところもある。生活上のストレスを低減する

ためにも最低限の設備が整った所を探すようにしよう。住居には，水洗トイレ，シャワー（できれば温水），洗濯機，エアコン，自炊する人なら冷蔵庫，コンロが付いたキッチンがあれば，まず生活はできるだろう。バスタブがついたお風呂はかなり贅沢なものとなる。コンロはガスタンク式（タンクの交換業者がいる）やカセット式もある（ガスを充填する業者がいる）。

　多くの途上国が位置する熱帯地域で暮らす場合は，暑さで何もしなくても非常に体力を消耗するので，エアコンは必需品と思われる。季節により窓から涼しい風が吹き込む日もある。エアコンが体質的に苦手な人は扇風機を用意しよう。

　iii）住居の安全を確認する

　どこに住むにしても，入口のドア，窓は鍵がしっかりかかり，窓には堅固な格子が入り，外から侵入できないようなものか確認しなければならない。住居のセキュリティは重要チェック事項である。住居から事務所までの通勤手段も，安全性を重視しよう。公共交通機関が整っていない場合が多いため，自前の交通手段が必要だ。徒歩，自転車，団体の車両，あるいは駐在員が通勤用にレンタルする車両など，さまざまな交通手段が考えられるが，利便性だけでなく安全性を確保することが大切である。

　iv）リラックスできる場所と時間は大事

　自分の“心の健康”（2章3節7参照）のためにも，帰宅後や休日には好きなことをして仕事を忘れる時間を持とう。現地の環境に適応して暮らせるように設備を整えるだけでなく，住居内の環境をリラックスできる空間に仕立てることは大切である。自分のお気に入りの家具や布，照明，音楽，絵・装飾品を飾るなど，工夫してみよう。もちろん，自分の家でなくても，カフェや公園など安全が確保できる範囲でお気に入りの場所を持っているのは心身のためにも良い。体力作りのためにジムに通う人やランニングを楽しむ人もいる。適度に運動をする時間を見つけることはリフレッシュになる。途上国にいるからといって，ストレスのある環境で我慢することはない。良い仕事をするためにも，快適な生活ができるように心がけよう。

2）滞在時に役立つグッズ

【Keywords：短期滞在，ホテル住まい，長期滞在，借家住まい】

i）途上国滞在時のお役立ちグッズ

滞在場所によっては快適に過ごせる環境もあるが，NGO の活動地は不便な場所の可能性も大いにある。事前に現地事務所にどのような生活環境かの情報を共有してもらうとよいだろう。場所によっては水や電気も不自由する場合もある。現地で何が入手できるか事前に確認しておくとよい。

表9に参考までに途上国での短期・長期滞在時のお役立ちグッズを挙げておく。持参にあたって，渡航時に飛行機に持ち込めないものがないか確認することも必要である。また，慣れない環境での活動は，ストレスも加わり体調を崩すことも想定される。現地の市販薬には，偽薬やアレルギーなどもあるので日常的に使っているものを持参することをお勧めする（2章3節2，表3参照）。

ii）短期滞在

途上国への短期的な出張ではホテル滞在することが多い。途上国のホテルといってもさまざまで，アメニティ（石鹸，シャンプー）やミネラルウォーターが常備されている，温水シャワーが出る，電気があるところもある。一方，アメニティがなく，シャワーは水（もしくはシャワーはなくバケツに入った水がシャワー・トイレ用に置いてある），電気も全くか一定の時間にしか来ない場合もある。その場合はホテルで照明器具などのランターン（lantern：灯り，電灯）を貸してくれたり，お湯を用意してくれるところもある。用意してくれない場合は，遠慮せずに欲しいものを要望してみよう。**短期滞在**では不便も含めて貴重な経験と思い，臨機応変に対応するといい。

iii）長期滞在

長期滞在ではアパートや一軒家を借りて生活する場合が多い。赴任に際して，現地では簡単に手に入らないものや，現地で売っていたとしても日本人の規格にあっていないものを持っていくとよい。一方で大荷物になると大変なので持っていくものを厳選し，荷物をコンパクトにする必要がある。

表9　途上国滞在時のお役立ちグッズ

短期滞在	長期滞在
1）充電器や変圧器，変換プラグ※1 　＊電子機器は，充電ができるものを選ぶ 2）文房具（ハサミ，セロテープ，ホッチキスなど） 3）手土産用の日本的な小物（箸,紙製品,焼菓子など） 4）洗濯用具（粉洗剤，物干し紐，洗濯ばさみなど） 5）携帯用非常食（スープ,栄養補助食品,菓子など） 　＊レストランで食べる暇がない時，食欲がない時に 6）粉末スポーツ飲料（下痢時あるいは予防的に） 7）生理・衛生用品（絆創膏,マスク,手指消毒液など） 8）常備薬（風邪薬，腹痛薬，下痢止め，頭痛薬など） 9）虫よけグッズ（蚊よけスプレー※2，蚊取り線香） 10）化粧品，洗面用具 11）コンタクトレンズとその洗浄液 12）団体ロゴ付き広報グッズやパンフレット（英語版）	【←左に加えて】 1）防犯ブザー 2）懐中電灯 3）替えの電池（フライト前に手荷物に持ち込めるかチェックする） 4）替えの歯ブラシ（現地でも売っているが欧米からの輸入品はブラシが大きすぎる場合がある） 5）補充の化粧品や洗浄液など（現地で手に入るかわからないため当面必要分を持っていく）

【あれば便利なもの】
1）太陽電池で使える電灯（solar lantern/solar torch）：電気がない環境でも太陽で充電ができる。ろうそくは火事になる可能性があるので注意が必要。
2）蚊帳（mosquito net）：マラリアや日本脳炎は夜に刺す蚊によって媒介されるので，蚊帳を常に使用して寝ることをお勧めする。日本より，現地の市場で簡単に入手できる。
3）ドライシャンプー（dry shampoo）：髪を洗うための十分な水がない場合に便利である。
4）湯沸かし器（bucket heater）：（電気がある地域限定）お湯が出ない場合にバケツの水を温めるためのもの。途上国の気候はたいてい暑いが，地域によると冬があったり夜は冷えたりするので冷水のシャワーは酷である。また小さな湯沸かし器であればお茶やコーヒーを飲むためのお湯も作れる。
5）フィルター付き水筒（filtering water bottle）もしくは，浄水殺菌液（water treatment drops/water purification drops 水中のバクテリアやウィルスを殺菌する）：途上国では水道水が飲料水として適していない場合が多い。市販のミネラルウォーターやフィルター水を購入して飲水するのが基本だが，僻地に行く場合は安全な飲料水の購入もできない場合もあるため，フィルター付き水筒や浄水殺菌液を常備しておくとよい。

※1：国によってプラグの差込口の形状が異なるので，行き先の国の形状を事前に調べて準備する。海外用の多様なピンが付いたマルチタイプが一つあると便利。

※2：蚊よけスプレーについてはp.47ボックス6を参照のこと。

3節　現地事務所を立ち上げる

【Keywords：団体登録，事業計画書，カウンターパート，合意書，事務所開設】

1）現地事務所の立ち上げ

i）まずは，団体登録手続きを始めよう

　途上国に行けば，すぐに活動できるというわけではない。個人であれば個人的なつながりとして支援することは可能かもしれない。しかし，団体として活動を始めるならば，現地の**外務省**（あるいは**内務省**）に外国の支援団体として**団体登録**する必要がある。その国の法律に従って手続きをしなければならないため，その国に行ったら第一に**登録のための必要書類リスト**を手に入れたい。登録には非常に時間がかかると思った方がよい。長めに見積もって準備をする必要がある。

　登録するのは外務省（あるいは内務省）だけではない。支援する関連分野を管轄する省庁にも団体の支援内容が認められなければならない。例えばカンボジアのある地域で母子保健の活動をする場合，まず管轄の州保健局と支援内容を話し合い，**推薦書**（support letter）を発行してもらう。そのためには活動の目的，活動対象地域と裨益人口（活動の成果の恩恵を受ける人口），現地の協力機関（**カウンターパート**：counterpart），活動内容や成果を測る指標などが明確で論理的に記された**事業計画書**（proposal）を持っていくと説明する時に便利である。

　カウンターパートとなりそうな関連省庁（中央）や活動対象地の（地方）行政機関の所長や積極的な職員と話して彼らと対話を始めるところからとりかかろう（4章3節4参照）。登録の過程で**カウンターパート**との良い協力関係を築けるとその後の展開にも追い風となる。管轄省庁とは，最終的に**合意書**（Memorandum of Understanding: MOU)を締結する。これがあれば活動を実施するためのお墨付きをもらったようなものである。

ii）事務所の開設と職場の環境作り

　団体登録とは前後するかもしれないが，登録するための連絡先が必要となるので，同時に**事務所開設**をすることをお勧めする。場合によっては一時的な住所を定めて，後で住所変更するということもある。

　事務所の場所は安全で，省庁や銀行に行くにも便利な立地を探したい。スタッフの人数によって必要となる部屋数と広さが異なってくるが，なるべく大部屋

で風通しよく働くことが望ましい。会議室は別室があると個人面談もできて便利である。スタッフ 1 名に 1 セットずつデスクと椅子, PC が必要である。プリンター, コピー機もオフィス機器としては必要である。近年は wi-fi（無線 LAN）が手軽に安く利用できるようになっているので, 事務所にも wi-fi を設置すると便利である。

　事務所のセキュリティにも気を配らなければならない。門扉は堅固なもので中が見えないような造りにする。予算に余裕があるならば 24 時間プロの警備員を置いて, 事務所内の金品が盗まれないようにしなければならない。あるいは夜間や週末だけでも誰かが周囲にいると狙われにくい。事務所の空いた部屋に現地スタッフを住まわせるだけでも防犯になるだろう。とにかく日本よりも危ないということを忘れない。

　このような準備期のために現地スタッフ 1 名を雇って一緒に事務所開設作業を行うとよいだろう。現地の慣習を教えてもらったり, 一緒に考えたりしよう。また他団体の事務所を訪問し, 仕事の様子などを聞いてみるのも大変参考になる。

iii）活動を実施するために必要なもの

　途上国で活動をする場合には, 四駆自動車を持っているとよいだろう。農村部での活動では, 雨季に道路がぬかるんで四駆自動車でなければ進めないこともよくある。途上国で中古車を買う場合は事故歴や修理歴に気を付けよう。活動地が事務所からそれほど遠くないのであれば二輪バイクも有効である。車両は登録や税金の支払いが必要な場合もあるので, 情報収集をしっかりとしよう。国によっては義務でなくても, 団体としては車両保険には必ず加入しておこう。

　団体紹介の際, 活動が一目でわかる写真付きのリーフレット（leaflet）があると便利である。自分も含め, スタッフは外部の人に会い自己紹介する際には, 団体についても紹介する。その時に気軽に配布して, 写真を見せながら団体の紹介ができると非常に便利である。名刺を準備するのはもちろんのこと, プロジェクト内容をまとめたリーフレット（英語版, できれば現地語版）はプロジェクトを本格的に始める時までに作成したい。

　広報用品としては団体ロゴ付きグッズ（メモパッドやカレンダーなど）を作成する団体もある。正月など時節の挨拶に関係者に配布すると喜ばれる。用途や団体の余力に合わせて準備するとよいだろう。

2）管理責任者としての役割

【Keywords：管理責任者（マネジャー），裁量】

i）現地代表の仕事とは

最高位の**管理責任者**（マネジャー）[注1]である現地代表は事務所が所在する国における団体の代表者である。事務所運営のある程度の決定権や事務所から発出する公式なレターに署名する権限を持ち，現地事務所の所長であることも多い。現地代表を務めるためには，社会開発・支援活動に対する知識，技術面の知識，会計など管理のための知識など幅広い知識が必要である。

日本の団体であれば，日本人が現地事務所の代表を務めることが多い。それは日本の支援者から預かった資金で活動をするため，支援者の意向をある程度反映させた活動を実施する責務を果たすためでもある。団体によっては，十分な経験を持つ現地の人材が現地代表を務める場合もある。

ii）現地代表の裁量

現地代表には，状況を見極めて決断を下す**裁量**が与えられている。裁量とは現地代表に一任された決定権である。現地代表は，団体・事業・スタッフにとって物事を有利に導き，リスクから守るような決定を行わなければならない。

団体が事故や犯罪に巻き込まれる（事故を起こすことも含め）ことや，現地の法に訴えられるような重大な事態が起これば，団体の理事会に知らせ，本部機能も含めた対応が必要だろう。一方で現地の事情で計画にない事態が起こるなどの比較的軽い修正が必要な場合などは，本部に相談しつつも，現地で対応することで迅速な判断ができる。現地代表にはその権限が与えられている。

線引きが難しいところではあるが，現地の特殊な状況で生じた問題を日本の上司が判断するのは通常は困難であり，さらなる混乱を招く恐れがある。そのため現地代表には，迅速な解決のために十分な情報を収集したうえで，的確な判断をする能力が求められる。

3）英文 / 和文でのビジネスレターとEメール

【Keywords：公式レター，依頼書，報告，事務連絡，送付状，署名，団体の印鑑】

i）英文でのビジネスレターやEメールでのコミュニケーション

団体の正式なコミュニケーションは，ビジネスマナーに基づいた**公式レター**

（注1）　組織によって呼び方や役割が異なる。マネジャーの類似としてディレクター（Director）と呼ばれることもある。

（official letter）を通して行われる。公式レターは通常は英文あるいは現地語で発行され，依頼書（request），報告（report）や事務連絡（information）などの種類がある。いくつかの書類をまとめて送付する時には，送付状（cover letter）を添付し，内容を簡単に説明する。公式レターは，受け取る側の団体で，記録され，処理され，保管される。

　公式レターには，現地代表による手書きの署名（signature）と団体の印鑑（official stamp）が押されている。意外と，どこの国でも団体の印鑑は非常に重要で，この印鑑なしでは公式レターだとはみなされない。都市部の大きな文房具屋で団体名やロゴを入れた印鑑を注文できる。

　それ以外の普段の問い合わせや連絡事項などのコミュニケーションはＥメールでもよい。緊急の連絡であれば電話の方がいいだろう。仕事でＥメール連絡を取る相手は，英語を理解するカウンターパートなどの現地関係者あるいは現地で働く外国人となるだろう。農村部での現地の関係者は，英語でのコミュニケーションが難しいことが多いため，対面の場合は通訳を介し，それ以外は現地スタッフに任せる。

　公式レターであってもＥメールであっても，長々と書かず，必要事項の要点をわかりやすく，簡潔に書くようにしよう。しかしながら，いつもお世話になっている外部宛のメールの場合，要件のみでは気持ちが伝わらないかもしれない。ビジネスレター・Ｅメールの基本ではあるが，冒頭には，日ごろのサポートや情報提供に対する感謝を簡潔に述べ，要件を述べた後にも感謝と返信を待つというメッセージを添える。どのように良好に関係を継続してきたかがわかる団体が所有する過去のレター例や，英文レターの書き方などの本を読んで，ビジネスマナーを押さえつつ，的確なコミュニケーションを心がけよう。

ii）和文でのＥメール連絡

　和文のＥメールで連絡する相手は，日本にいる本部スタッフや仕事関係者，現地であれば大使館や他の団体のスタッフであろう。それぞれ注意点がある。

　日本にいる人に連絡を取る時は，現地にいる人にとって当然のことを知らないということを前提とすべきである。日本にいる人たちは現地で働いている人の感覚とかけ離れた場所や状況にいるため，重要度や深刻さがメールでは伝わりにくい。重要な問題に関してはなるべく電話やSkypeやZoomなどのSNSで直接対話することをお勧めする。事前に議題を共有し，時間を区切って効率よく伝えよう。

ボックス12　和文Eメールの例文（本部スタッフに原稿の締め切りに遅れることを伝える）

○○さん，
（cc. △△さん）※必要時，一緒に連絡をしている場合

お疲れ様です。いつもリマインドありがとうございます。
連絡が遅くなり大変申し訳ありません。
さて，締め切り間際の原稿ですが，現在スタッフから報告のあった情報をまとめていると
ころです。今週の金曜に村で活動を行う予定なので，インタビューしたボランティアの写
真（キャンペーンTシャツを着ているもの）と，村の保健活動の様子の写真を撮ってきます。
それをまとめてからお送りするので，来週火曜まで待っていただけないでしょうか。でき
上がり次第お送りします。村人の都合で急に日程が変更になったのでお待たせすることに
なりました。スタッフのインタビューから良い情報があがってきておりますので，良い原
稿になるように努めたいと思います。どうぞよろしくお願いいたします。

　Eメールは平易な文体で書くように努めよう。伝えたい事象だけでなく，な
るべく補足情報としてその背景にも触れることで相手に伝わりやすい内容とな
る。ボックス12に例文を挙げる。
　iii）英文での公式レターの具体例
　英語での公式レターは省庁宛が多い。外務省と担当省庁へのさまざまなリク
エストを行って，仕事を円滑に遂行するための環境を整えなければならないた
めである。注意点としては，公式レターの宛先である。大概，担当省庁の責任
者宛てに出すことが多いが，その場合の責任者の交代や肩書の変更などがない
かどうか，公式レターを送る前に確認するとよい。途上国ではよく人事異動が
あるため，知らないうちに別の人物に代わっていることもよくある話である。
うっかり前任者宛てに出してしまったら，届いていないこともあるので気を付
けたい。ボックス13に例文を挙げる。

4）現地人材のリクルートのコツ
【Keywords：リクルート，募集案内，書類審査，面接審査，試用期間】

　i）人事業務とスタッフの新規募集
　人材は組織の重要な構成要素であり組織の財産となる。そのため募集
（recruit：リクルート）や育成，査定などの人事業務は現地代表の仕事で最も責
任が重い業務の一つだろう。ここではスタッフの新規募集について概要を説明
する。

ボックス13　英文の公式レターの例文（政府と団体との合意書延長願い）

Letter No. 00XX　　　　　　　　　　　　　　　Date: 6th August 2021

(*Name,*
Minister of Foreign Affairs and International Relations ＊ *(position)*
Address)

Subject: Request to renew MoU

Your Excellency,

On behalf of　(*Organization name*), a Japanese Non-Profit Organization, I would like to express my gratitude for your support of our project on health sector development in XXX Province.

　　　　Due to the expiration of the Memorandum of Understanding (MoU) between the Ministry of Foreign Affairs and International Relations and (*Organization name*) on 19th January 2022, (*Organization name*) would like to request the extension of the MoU for the new project. Herewith, I would like to submit the necessary documents.

　　　　Your consideration of our request is highly appreciated. If you need more information, please do not hesitate to contact me. Thank you very much for your consideration of this matter.

Sincerely yours,

団体印鑑

手書きの署名　→　*Rio Osaka*
Rio Osaka
Country Representative
(*Organization name*)

List of attachments:
1. ⋯⋯⋯⋯⋯⋯
2. ⋯⋯⋯⋯⋯⋯

ii）どんな人材が組織に必要か

　スタッフの新規募集は，組織図と予算に従って，新たにポジションを設ける時かスタッフが退職して補充が必要な時に行う。募集を行う際には，そのポジションに必要な資格，能力，スキル，経験，出身地，家族構成，年齢などを精査する。特に語学力を含めたコミュニケーション・スキルは大切である。意思疎通ができないと一緒に仕事はできない。一方で，英語ができる人が優秀というわけでもない。その他のスキルも業務上の必要に応じて重点項目を変えて評価すべきである。

iii）募集手順

　人材募集は以下の手順で行う。まずは新聞広告や人材募集サイトへ**募集案内**を出す。その国・社会でよく使われる方法で案内を出すとよい。募集案内にはボックス14にあるような内容を簡潔に記載する。**書類審査**を通過した人のみ連絡することを応募要領に明記する。

ボックス14　募集案内例

「団体名」の人材募集
1．ポジションと業務説明
2．勤務地
3．資格，要件（語学，PC知識含む）
4．求める人物像
5．雇用条件
6．応募要領・締め切り日時
7．連絡先

　応募締め切りの直後には書類審査がほぼ終わっているように進める。書類審査で，良い！と思った人材は早く面接に呼んだ方がよいからだ。どこの団体も欲しがる有能な人材は早く就職が決まるので，迅速に進めることが重要である。

　面接審査では，団体の説明，仕事の知識・経験を知るための質問を行い，試験を行う。試験内容は，職務に合わせて英語の翻訳（特に英文を書くスキル），PCスキル，職務に関する知識を問うものなどを準備する。試験の後，簡単な勤務規程の説明と応募者からの質疑応答を行う。合否は採用された人のみ連絡することを告げる。

　面接は一期一会である。合否に関わらず，団体に対して良い印象を持って帰ってもらうように丁重に対応する。採用する人材が決まったら連絡をし，承諾にあたって事前に職務内容や条件をしっかりと理解できるように十分な情報提供をする。

iv）一人を選ばなければならない時に

　応募者が複数名いるならば，勤務地，勤務形態，職務内容，希望の給与レベル，テストの結果などの項目について団体の期待に合わせた点数をつけて比較し，公平に選ぶようにしよう。なるべく客観的に判断し，双方にとって不満が生じないマッチングになるように配慮しなければならない。

　似たような経歴，能力と思われる人が応募してきた場合，どちらの人を採用するか非常に迷う。プラス面マイナス面の両方をみながら最適な人物を選ぶことになる。譲れないポイント，妥協できるポイントをお互いに把握して決定したいものである。ただ，面接でわかることにも限界がある。完璧な人はいないので，いろいろ精査したうえで決まらない場合には，最終的には"感じが良い"，"気が合いそう"など数値化できないことを決め手にするしかない時もある。日頃から人を見る目を養うようにしよう。

　人を雇うということは，その人生に対して責任を負うことでもある。採用された者は働くために生活の拠点を変え，家族との関係を変え，新しい職場で新しい仕事をする。引き受けるからには，長く働けるようにサポートする姿勢で雇用しよう。

　v）お互いのために試用期間を

　勤務初日に契約書を交わし，その日から３か月は**試用期間**である（期間は団体規程による）。その間は，いつでもお互いに雇用契約を解除できる。採用された人物がポジションにふさわしいかを実際の業務を通して精査し，同時に，採用された人物も新しい職で満足できるか精査する期間である。双方が審査する立場にあるという緊張感を忘れずに過ごしたい。

　試用期間中に能力不足や問題行動があれば，契約を延長しないという決断もしなければならない。現地代表は，現地スタッフのチームワークの総力が最大限に働くように人材配置を考えていくことが大事である。

Column8　去る者は追わず

　途上国では即戦力になる人材が少ないため，通常 NGO では雇い入れたスタッフに仕事を丁寧に教えて一人前に働けるように育てていきます。ところがやっと仕事を任せることができるようになったと思ったら，そのスタッフが辞めてしまうことがよくあります。マネジャーにとっては悔しく徒労を感じる瞬間です。

　私が働いている間にも数名のスタッフが仕事を辞めていきました。経験が増えると，より高い給与やいい条件を求めて転職でステップアップすることが途上国の常識なのです。友人に愚痴をこぼすと，「途上国ではいい人材は社会の財産」と言われ，目が覚めました。それから，いつかいなくなることを前提に，彼らが業務を通してスキルを高め自信を持つように仕事を任せるようになりました。

　長い目で見ると，私たち NGO もいつか途上国からいなくなります。私は新しい職を得て去るスタッフには，新しい職場で活躍できるよう祈りつつ，快く送り出すように心がけています。

（中田好美）

4節　現地事務所の運営のリアル

1）現地事務所の運営

【Keywords：組織運営，プロジェクト運営，タイムマネジメント】

i）現地事務所長の業務とは

大きな組織であれば，代表，組織運営，プロジェクト運営をそれぞれ別の人が担う場合もあり，それぞれの組織で人員構成や役割は異なる。ここでは小さな組織で所長が全て担うことを想定して説明する。

現地代表でもある事務所長（以下，所長）業はとても忙しい。会計，人事，総務，本部との調整，外部機関との交渉，報告書の作成と提出など多彩な業務をこなしつつ，プロジェクトを動かすうえでも中心的な役割を担わなければならない。つまり，所長は**組織運営**を行いつつ，**プロジェクト運営**（事業運営）を行うという二重の役割を担っている。

ii）所長のタイムマネジメントのコツ

一日の勤務時間が限られた中で業務をこなすには，**タイムマネジメント**が必要である。効率よく作業を進めるコツがあるとしたら，ルーティン業務と非ルーティン業務の優先順位を工夫することだろう。ルーティン業務は年・月ごとのスケジュールが大体決まっており，非ルーティン業務は計画外に突如起こる業務である。ルーティンの締め切りを考慮しつつ，非ルーティン業務の早く終わらせたい作業を優先的に片付けるように進めるのがコツである。

仕事は一人でできるものではない。スタッフや外部の人との協力で進める作業もあるため，待つ時間も必要だ。独りでできるところは早めに済ませ，他の人に頼むところは締め切りを設定したうえで焦らず待つ。待つ時間はルーティン業務に充てるとよい。慣れると残業なしで仕事を終えることができるだろう。

iii）2つの運営業務

上記で述べたとおり，現地事務所で必要とされる運営業務は**組織運営**と**プロジェクト運営**の2種類がある（図11）。支援団体スタッフとして現地に派遣されるとプロジェクトだけに従事すればよいと考える人が多いが，プロジェクトを実施するためにはプロジェクトを組織として支えるさまざまな業務が発生する。事務所の組

図11　安定した組織運営の上に
プロジェクト運営が成り立つ

表10　2つの運営の主な業務例

事務所の組織運営	プロジェクト運営
政府機関・省庁との調整 外部団体との調整 本部への報告や調整 予算管理・会計管理 人事（リクルート，人材育成） 規則・規程の作成と執行・遵守 訪問者受け入れ 物品調達・管理 ビザ・契約などの申請・更新 など	計画立案 活動実施・支援 モニタリング・評価 スケジュール管理 報告書・データ管理 物品調達・管理 政府機関・省庁との調整 予算管理 事業会計 情報収集 など

織運営なくしてプロジェクトは実施できない。図11にあるとおり，組織運営が土台にあってこそ，上部のプロジェクトが円滑に進められるのである。自分の役割をしっかりと認識して2つの運営に取り組みたい。

iv）事務所の組織運営

大きな組織であれば，総務部，人事部，経理部，調達部と組織を支えるための機能を持つ部署があり，それぞれ担当部長が管理にあたるという体制をとっている。小さな組織の場合，事務部として一括されていることが多い。一事務所で目が行き届くサイズ（スタッフ10人程度）であれば，会計担当も事務作業をし，事業スタッフも調達や書類作成を手伝うなど，兼任する場合が多い。

組織を維持するために必要なこと全般が組織運営に含まれる。表10に主な業務を例示している。慣れないと時間がかかる作業もあるが，一旦慣れると後は繰り返すだけのルーティン作業となる業務も多い。いつまでにこれを準備する，開始する，といった大まかな予定を考慮しながら仕事を進める。

v）プロジェクト運営

国際支援団体が海外にいる目的はプロジェクト活動によって現地の生活向上を図ることなので，プロジェクト運営は必須のスキルである。PDCAサイクルに沿った計画立案・モニタリング評価を行って，効果的な活動を行うようにしよう（第2章5節4参照）。

組織運営をしながらどのようにプロジェクト運営をするかは大きなチャレンジである。「自分が全て管理する」という意識を捨てて，現地スタッフや関係者を信頼し任せる。スタッフを通して必要な情報がタイムリーに手に入る体制を

作っておけば，適切な意思決定を適切なタイミングで行うことができるので，それほどいつも現場にいなければならないということはない。自分が確認すべき重要なイベントは必ず出席するが，後は任せられる現地スタッフを育成することも重要な運営業務の一環である。

2）ルール作り

【Keywords：団体規程，雇用契約，業務内容】

i）団体規程

多様なメンバーと協働する組織にはルールが必要である。**団体規程**は，団体で働く基本的な労働条件を記したもので，メンバーの行動指針となる。これは，人を雇う前に準備すべき文書である。一度作成したら，改訂しながら使えるものなので，大変ではあるが初期に作成すべきものである。

本部でマニュアル化したものを使うというのも一つの方法である。しかし，複数の現地事務所で使う場合，各国で労働法や雇用の際の慣習が異なることを考慮しなければならない。現実と乖離した規程であると使いづらいことになるため，現地の事情を反映した規程でなければならない。大まかな枠組みを本部で作成し，現地で労働関連の法律や慣習を参考にしながら編集する。

表11に最低限の必須項目をまとめた。スタッフを雇用する前に団体規程を提示し，合意するプロセスを持つことが大切である。絵に描いた餅にならないように誠実に実行し，ルールを尊重する組織文化を養おう。

ii）チームの指針となる文書

運営を円滑にするために，共通のルールを設ける必要のあるものは，**会計手順**，**車輌使用**，**安全対策**などである。文書として用意しあらかじめ周知しておくことで必要な時に適切な行動をとることができる。

表11　団体規程の項目例

1．勤務時間，休日規程
2．超過勤務（定義，支払い方法含む）
3．給与支払い日
4．福利厚生（有給休暇，各種保険，特別休暇， 　疾病休暇，各種手当内容，退職金制度など）
5．所得税について
6．スタッフとしての責務と懲罰，退職など

iii）個人の指針となる文書

組織に所属して働くからには**雇用契約**が必要である。契約書には，ポジションに応じた**業務内容**が明記されている。パフォーマンス評価は給料交渉ともつながるため客観的指標となる業務内容に応じてなされると，スムーズである。

３）現地スタッフとの協働・人材育成・人材評価

【Keywords：人材育成，トレーニング，パフォーマンス評価，メンター，自己評価，他己評価】

i）現地スタッフとの協働

仕事は一人ではなく，チームで協働するものである。特に途上国で働く外国人としては，現地スタッフとの協力や協働は欠かせない。人間関係を上手に築く必要がある一方で，馴れ合いのような関係にもなってはいけない。プロフェッショナルが集まったチームとしてより質の高い仕事ができるように，スキルを磨き，知識を教えあい，お互いで切磋琢磨しよう。

ii）人材育成の方法

人事の重要な仕事として"**人材育成（capacity building）**"がある。雇用の際に即戦力を重視するが，実際には必ずしも即戦力がある人が応募してくるとは限らない。医療系の資格や語学力など基礎的な部分で必須のスキル・知識はあるが，それ以外は面接で知ることは難しい。現実的には，潜在力を採用するといった方が正しいだろう。つまり，雇用してから一人前に働けるように**人材育成**することは必須である。主に３つの**トレーニング**方法がある。

第一に，試用期間中の**初期トレーニング**である。事業運営スタッフであれば，最初の３日間でオリエンテーションを行い，プロジェクトの目的，活動内容，現地の状況など必要な情報を団体内で使っている書類を用いて教える。一週間以内に対象地域での活動を見学する。特に自分が担当することになる活動を他のスタッフにガイドしてもらいながら学び，現地のキーパーソンへの紹介を行う。一日の終わりに振り返りの機会を持ち，感想を聞きながら担当してもらう仕事の内容について話し合う。

第二に，**業務中でのトレーニング**（On the Job Training: OJT）がある。実際に業務に携わりながら，メンター（先輩などのよき指導係）よりフィードバックを受けるトレーニングである。メンターの立場となる現地スタッフは，実務経験があり，教えることが好きな人を選ぶとよい。

表12　パフォーマンス自己評価報告書の項目の例

項　目	内　容
1．広い視野と外向性	裨益者や環境の変化に敏感でトレンドを見据えている。幅広いステークホルダーと効果的に連携する。
2．判断力・適応力	知識・経験を効果的に使う。不確実性を受け入れ適応力がある。戦略と目的を結び付け，効果的にコミュニケーションする。
3．創造性と対応力	創造的かつ積極的に問題や人に対処できたか。リスクをとることを恐れず，成功と失敗から学ぶ。
4．調整力と異文化理解力	反対意見を歓迎し，他人の意見を取り入れて活動の質を高める。個人や文化の違いを尊重し，謙虚である。
5．専門知識と応用力	専門知識を持ち，有効に活用する。自分をレベルアップさせるとともに他者の育成にも熱心である。新しい知見を最大限活用する。

ボックス15　パフォーマンス評価の評価項目の例

```
               評価項目
◆チームワーク，コミュニケーション，指導力，
　タイムマネジメント，効果的な働き，一貫性，
　やる気，創造性，成果につながる働き
◆出勤率，ルール遵守，モラル
```

　第三に，**外部トレーニングへの参加**がある。途上国では開発業界の人材向けキャパシティ・ビルディング[注1]を目的としたさまざまな研修が企画され有料で実施されている。人気のトピックはファシリテーションスキルやプロジェクト運営などである。英語やPCスキルといった一般的な内容のトレーニングもある。スタッフと相談しながら必要とされるスキルを身につけるために研修に送り込むこともある。年間予算内で，団体が現地スタッフ育成の費用を支援することが一般的である。その場合には，団体にその研修内容が還元されるように，学んだことを組織内に共有できる仕組みがあるとよい。

　iii）人材育成のための現地スタッフのパフォーマンス評価の例

　人材育成の方法の一つに，パフォーマンス評価がある。評価には自己評価と

（注1）　キャパシティ・ビルディング（capacity building）：業務で使うスキルや事業を遂行する能力（キャパシティ）を高め，構築（ビルド）すること。人材育成の意味で使われる。

他己評価がある。ここでは，自己評価（表12）と他己評価（ボックス15）を組み合わせた評価の一例を紹介する。自己評価は自分の業務状況を主観を通して振り返ることで，内省が深まり自己の成長を促す利点がある。一方で，他己評価は他者の視点で客観的に振り返りができる。要は，現場において望ましいスタッフ像に合わせて柔軟に調整することである。そして，スタッフのこれまでのパフォーマンスの測定ができ，さらなる成長につなげられるのであればどんな方法でもよいだろう。

　評価時にはひと月程度時間をかけて，各自が表12の5点に沿ったパフォーマンス自己評価報告書を準備する。報告は具体的なエピソードを交えて達成度をアピールしてもらう。契約更新の参考にも活用できると便利である。

　提出された報告書と日頃の観察を基に管理責任者がボックス15にある項目で採点する。点数をスタッフにフィードバックし，次の年度の目標を設定するというところでプロセスは一巡する。

　難しいのは，目標を設定するための客観的な指標作りである。スタッフは「○○を頑張る」などといった曖昧な目標を持ちがちである。また，自己評価で挙げられた項目「外向性」や「創造性」などを発揮した姿を思い描けず内省が深まらない報告書を提出したり，一方で，他己評価で示された点数を受け入れられないことがある。フィードバック時に反発を受けたとしても丁寧に教える姿勢が必要だろう。評価は一筋縄ではいかないため長い目で見ることが肝心である。

Column9　ルールを守らないスタッフ

　かつて他団体で働く友人から組織のルールを守らないスタッフについての相談を受けました。現地スタッフが毎日遅刻することを友人が何度注意しても行動が改まらないと困っている様子。友人一人が許さずとも他のスタッフから許されていれば行動は変わらないでしょう。さらに帰宅は定刻通りとあきれる態度です。

　本来勤務時間は雇用契約上の事項なので，守れなければ契約解除になりそうですが，むやみにスタッフを解雇できない法律になっています。そんな時に思うのは，ルールを守ることは組織文化だということです。スタッフ全員が一致して組織のルールを守ることを是とする文化を意識して作ら

なければ，「遅刻なんて小さいことだからいいじゃない」，なんて言う人が出てきます。

　一方で，私がルールに関して直面したのは，スタッフからのルール改変の要求です。ルールが完璧でないことはわかっていますが，個人の都合に合わせたルール改変を一度認めると，ルールがないことと同じになってしまいます。ルールって何だろうと悩んだ日々でした。

（中田好美）

5節　日本からの派遣人材への支援

【Keywords：現地駐在員，海外事業担当，専門家】

i) 現地駐在員の派遣に適切な期間とは

　プロジェクト運営は，一般的には3～5年の周期で目標を掲げる。プロジェクト目標次第ではあるが，3年程度の期間があると，活動に参加した現地の人たちの変化が目に見える。プロジェクトを企画し，実施し，その成果を確認するという一連のプロセスを経験することは，プロジェクト目標の一貫性を保つことができ，現地駐在員としてもかけがえのない経験となるだろう。

　本部では，面談で本人の意向を聞きつつ3年から5年の駐在を目安として考えるとよいだろう。短すぎるとプロジェクトの途中で交代となり，長すぎるとマンネリ化し，モチベーションを保つのが難しいこともある。また，現地駐在員の希望により入れ替わりがある場合にも，計画的に次の人材へ交代しやすい区切りの目安ともなるだろう。現地で働いた後，本部へ異動することも，個人のキャリアプランや団体の戦略として一案である。本部に現地のことを熟知したスタッフがいると後方支援体制も充実する。また，資金集めや広報の場で活躍するという可能性が広がる。

ii) 本部からのサポート

　実際にはどれくらいの期間駐在できるかは駐在員次第である。経験の浅い人，長い人どのような人が現地にいたとしても一定の質を保ったプロジェクト運営ができるように本部からのサポートは必須である。本部の海外事業担当が定期的に現地へ出張し，プロジェクト運営の進捗や発展について確認することを本部の年間計画に入れるとよい。少なくとも半年に一度は本部から訪問したい。モニタリングや評価のためのワークショップ実施のタイミングで出張し，現状

把握，現地スタッフとの面談など，駐在員のリクエストに応じたサポート活動を行うと効率がよいだろう。

　プロジェクト計画の策定や内容を作り上げるのは，基本的に現場のニーズ次第のため，現場からの発信がよいだろう。一方で，毎年の助成金の申請書作成は，現場のスタッフが十分な情報を提供できれば，本部で作成できる。助成金の審査に深くかかわるのは本部の担当者であるため，結局はプロジェクト内容をしっかりと理解し説明できる人材が必要とされる。年に何度も出張するのは手厚く見えるが，サポートは手厚くしてもしすぎることはないのである。ただ，どの業務を本部が担うのかは難しい問題でもある。十分な情報が手元にない状態の本部が良かれと進めた対応が，親切心からだとしても，的外れであることも少なくないため注意が必要である。

iii）プロジェクトをサポートする専門家短期派遣

　プロジェクトの質を高めるために，国際協力やその国の社会事情，対象となるプロジェクト内容に精通した**専門家の短期派遣**によって助言を受ける機会は重要である。助言の内容を反映できるタイミングでのサポートを受けるために，いつ，何の目的で専門知識が必要とされるのかをしっかりと考えて，かなり前から予算を計上しておく必要がある。結局は予算がなければ本部スタッフすら派遣できないということになるので，資金のやりくりは資金が不足しがちな団体では大きな課題であろう。

　サポートの内容も事前に練っておく必要がある。まず始めに現地からの依頼によって適切な専門家を探そう。そのうえで，専門家と現場の駐在員が直接話し合う機会をもって渡航の準備を進めよう。**現地の期待やニーズを直接伝える**ことで，より精度の高いサポートが可能となる。現場が受け身ではなく，積極的にかかわるような態勢作りが成功の鍵である。

　派遣には，その団体の規程によるが，全ての旅費・宿泊費・海外旅行保険料・日当あるいは食費補助・謝金は含めておきたい。交通費は，自宅から現場のホテルに到着するまでの全ての移動に係る費用，つまり国内の電車・バス代，航空券代，ビザ代，渡航後の交通費が含まれる。ホテルは現地で予約し支払いまで済ませてあればスマートだろう。団体によっては，活動への参加はボランティア（無償）という位置づけのこともあるかもしれないが，プロジェクトの質を高めるための専門知識と働きは無償では得られない。国際レベルの専門知識に触れることは，現地で実践するスタッフにとってもいい学びの機会になるだ

ろう。さらに，プロジェクトを深く理解し，専門知識を身につけるモチベーションにもつながる。

Column10　つっぱねるでもなくおもねるでもない
現地人材との関係性

　現地スタッフと意見が対立することはよくあります。対立した時には，その内容をよく考えることで，お互いの理解と成長に結びつくことがあります。

　まずは，どこに対立やすれ違いのポイントがあるかをよく吟味します。自分が間違っていたら相手の指摘に感謝して相手の意見に素直に従うとよいでしょう。相手が間違っている場合でも，意見を言ってくれたことに感謝しつつ，明確な理由を基に自分の意見に従うように求めることは，上司という立場上，簡単にできることです。

　ただ私は，上司だからといって自分の考えを押し付けたくありませんでした。そのためによく心がけていたのは，いいとこ取りです。お互いの意見の長所を持ち寄って折衷案を作るのです。それにはアクティブ・リスニングという技法を使います。聞くときに相手の話に頷きつつ質問を投げかけどんどん話してもらい十分な情報を得ます。相手は聞いてもらったことに満足し，私は相手の意見を深く理解して折衷案を組み立てます。Win-Winのコミュニケーション法だと思います。プライドは捨てて，ただシンプルに聞き，話すことで，スタッフとフラットな人間関係を築く。それが国際協力の土台となります。

（中田好美）

第4章	プロジェクトの実施

1節　活動開始するまでに何をすればいい？〈ストーリー4〉

i）活動を開始する前に

　カンボジアに来てからの里桜さんの生活は，あっという間に過ぎ，現地事務所と自宅の往復をする日々が日常となっている。自宅は，木造の家屋の2階を間借りした。1階に住む大家さんと共有する玄関からのアプローチにある小さなため池に咲いているピンク色の睡蓮の花が賃貸契約の決め手だった。

　事務所では，新しく雇用した現地スタッフのピセットさんと一緒に事前調査をしている。そして，その結果をまとめプロジェクト企画案につなげる予定である。また，同時にピセットさんと一緒に現地の関係機関へと通いつつ，ニーズをくみ取りより良い企画にするために議論を重ねている。若いけれども，他のいくつかの支援団体で働いた経験があるピセットさんは，すでに頼もしい右腕である。

　プロジェクト企画案が固まってきたら，助成金申請のための書類の準備を加奈子さんが帰国するまでに，本部にいる好美センパイと総力を挙げて作成しなければならない。好美センパイは，時々「元気にやってる～？」と温かいメールを送ってくれる。里桜さんは,「大丈夫で～す」と心配をかけまいとついつい強がって答えてしまうけど，見透かされている気もする。

　助成金申請が通れば，半年後から本格的な活動を開始できる予定となる。正直言って，大学院を卒業してからも，レポートに悩まされるなんて思いも寄らなかった。来る日も来る日も現地事務所でパソコンに向かうオフィス・ワークが続いた。

ii）いっぱい，いっぱいな気持ち

　ある夕方，ピセットさんが「今夜は，コー・ラン・プノン（直訳：牛が丘に登る料理）を食べに行こう」と言って，加奈子さんとニヤリと笑った。里桜さ

んは,「もう，牛でも豚でも何でも食べるよ！　行きたーーーい！」と一気に仕事を片付けた。半球状の鉄板に，薄切りの牛肉を溶き卵をからめてのせると，まさに“焼肉”。ライムと塩コショウのタレがとてもよく合う。ぬるいビールもすすんだ。

　ちょっと愚痴も出て，3人でこれまでのお互いの労苦をねぎらい，成果を認め合った。あと1か月程で，加奈子さんは帰国をしてしまう。それまでに，プロジェクト計画を立て，その準備を……と，途端に泣けてきた。緊張と不安が一気に崩壊した。「私にできるかな（涙；；）……ううっ」。ピセットさんが，「1人じゃないよ。僕もいるし，日本からもみんなが応援するんだから」と言い，加奈子さんは「そうそう」とエールのつもりでビールをもう一缶，差し出した。里桜さんは，ぬるいビールを飲みながら今度は嬉しさが一気に崩壊し，うなずくしかできなかった。気持ちがリセットできた。

　iii）準備を整えて，もうすぐ船出！

　加奈子さんが帰国するまで現場での調査のまとめや関係者との打ち合わせにも奔走する日々が続いた。プロジェクト計画ができたら，今度は運営が上手くできるように，PDCA サイクルを使ってシミュレーションをしてみた。例えば，この1か月の業務を PDCA サイクルを使って進めることで実践的に学んだ。予定はコロコロ変わり，やってみては修正して（trial and error）を繰り返した。加奈子さんは何度も修正点を示しながら鍛えてくれた。

　苦手だと思ったのは，ひと月の終わりに活動と会計についてまとめる**報告書**作りである。卒業論文とも違う，簡潔に書きつつ読み手に明確に伝わる文章を限られたスペースに書かなくてはいけない。加奈子さんからの教えはビシバシと厳しく，真っ赤に添削された紙面を見て泣きそうになった。妥協を1ミリも許さないプロフェッショナリズムを感じさせる加奈子さんの背中を見ながら里桜さんは，いつか加奈子さんのようになるぞ！　と密かに決意した。

2節　プロジェクト企画

1）ニーズアセスメント / 事前調査

【Keywords：ニーズアセスメント，統計，事前調査，現地調査，ベースライン，インタビュー，サーベイ】

i）誰が何を必要としているのか？

プロジェクトを企画するには，ニーズアセスメントが重要である。ニーズアセスメントとは，現地の状況を詳しく調べ，対象となる地域において「住民は何を必要としているのか？（ニーズ）」を評価することである。その際に誤りやすいことは，日本人の感覚を優先し，自分たちにとって「何が必要か？」を考える傾向があることである。また，物がなくてもなんとか上手くやっている現地の人がそれ以上の改善を欲していないと思い込む傾向があることに気を付けよう。あくまでも現地の人が生活向上を目指した時に必要としていることは何かを明らかにすることが大事である。

ii）どうしたらニーズが見えてくるか：事前調査（既存資料と現地調査）

ニーズを知るためには，対象者に関する情報を集める必要がある。まずは国連機関や行政が発行する統計としての国勢調査（census）や人口統計（人口静態・人口動態）で全体の傾向を把握する。国勢調査とは，公的機関などにより行われる大規模な実態調査であり，次に述べる人口静態・動態が含まれる。途上国にも国連機関の支援によってある程度のデータは存在する。人口静態とは，総人口数，地域別人口数，人口ピラミッド，平均寿命などのことである。人口動態とは，出生・死亡・婚姻・死因などである[注1]。また，現地の関連省庁には，戦略的な計画やビジョン，それを導きだすための既存の国や地域レベルでのアセスメントなどの報告書があるかを確認しておくと有用である。

大まかな国や地域レベルの情報を踏まえて対象を絞り，現地調査の方法を考える。支援団体が実施する事前調査は学術的なものとは異なり，対象の実態を把握するために行う。時間・予算・人的資源などを考慮した現実的な現地調査を計画する。方法は，対象を限定したインタビューや世帯毎に実施するサーベイなどの調査が有効である。

インタビュー（interview）：質的調査で使われる方法である。インタビュー

（注1）　米国のODAであるUSAIDでは，途上国の人口・保健統計（Demographic and Health Survey: DHS）[1]をサポートしており，ウェブサイトからデータが入手できる。

調査の対象は，地域の行政官，専門職，村長，村のボランティアなど地域のニーズを知っている人物を選ぶ。地域の関係機関でのインタビューでは，建物の中や利用者の様子を観察する（許可が得られれば，写真で記録する）ことも現状把握の一助となる。立場の異なる人にインタビューをし，事象を多角的に分析することも有用である。

　サーベイ（survey）：量的調査で使われる方法である。調査の対象は，できるだけ多数からデータを集める方が地域の人口の様相を反映するが，時間などの制限もあるため，効果的なサンプリングで人口の代表となる対象グループを選ぶ。質問票を使い，自分で用紙に記載してもらうか，識字率（読み書きができる割合）が低い地域では聞き取り形式で情報収集を行う。

　質問票での問いは，はい／いいえで応えられる質問，選択肢が設定されている質問，自由記載のオープンな質問などさまざまな形式がある。実際の調査方法などは，参考書から学びつつ現実的な方法で実施してほしい。

　初めて入る地域では，外部からの支援団体のことを知らない人が多い。村落調査では事前に村長に調査概要や日程を伝えておくとスムーズである。村人への事前の周知を手配しよう。また，調査に協力してもらえる人に対しては，くれぐれも失礼のないよう振る舞いに注意する。

　iii）ニーズアセスメントの有効活用

　ニーズアセスメントは，プロジェクト企画立案や助成金申請に向けての資料となる。また，プロジェクト開始後には，事業地のベースライン（base line：基準線）データとして活用できる。活動（介入）後のデータと比較することで，プロジェクト実施のインパクト（変化）を示すことができる。

　iv）プロジェクトのオーナーシップ：主役は誰か？

　支援団体が計画立案するプロジェクトであっても，対象となる現地の当事者がオーナーシップを持ち主体的に改善を目指すプロジェクトでなければ成功しない。可能であれば，ニーズアセスメントのプロセスから参加型計画手法（2章6節参照）で実施すると，情報が共有され，分析により問題の抽出ができると問題解決意識が高まるであろう。このように，早い段階から主役である当事者との関係性を作りつつ，意見を十分に反映できるように活動に巻き込んでおくことで，オーナーシップが育ちやすいだろう。

> ## Column11　企画のヒント　地域の情報を得るコツ
>
> 　プロジェクトの企画をする時には，情報を集め状況を把握することが大事です。有用な情報として，国勢調査のような国の統計情報と，現地情報（調査）があります。国の統計情報は，単純に村や小さな人口の地域には参考にならないことがあります。また，途上国で集計される統計情報の正確さが疑わしい時がよくあります。そこで，現地情報と合わせて，情報を把握する必要があります。
>
> 　現地情報を上手く得るには，ちょっとしたコツが必要です。まず，一つめのコツは，住民に話を聞くことです。ただし，よそ者の外国人が突然現れて質問を始めても，誰もが口をつぐむでしょう。礼儀として，コミュニティ・リーダー（村長など）にアポイントメントを取り，自己紹介し，情報使用の目的を伝えて信頼を得てから情報収集をする必要があります。また，2つめのコツとして，許可を得られたら，明確な目的を持って，コミュニティ内を歩いて観察することで多くの有意義な客観的情報が得られるでしょう。住民に出会った時は，笑顔と現地の慣習に倣（なら）った挨拶を忘れずに。
>
> （岡本美代子）

2）助成金申請のコツ

　　【Keywords：助成金，申請書，プロジェクト目標，成果目標，予算案】

i）助成金に応募しよう

　助成金は数あるが，応募条件や日程によって応募可能かどうかが左右される。十分な準備期間を置いて検討しなければならない。NGO/NPO対象の助成金を探すならJANICのウェブサイト[1]などの助成金情報を活用しよう。

　応募する助成金を決めたら，その助成金の募集要項・申請書フォームを取り寄せる，あるいはウェブサイトよりダウンロードして，まずはじっくり読むことが近道である。どのような項目があり，どの程度の量や種類の情報が必要とされているかを事前に把握し，情報収集を行う。項目に沿ってプロジェクト情報を入力するが，申請書を書く段階ではすでにプロジェクト内容がある程度決まっており，計画立案がなされていることが前提である。

ボックス 16
SMART な目標設定[2)]

Specific	具体的
Measurable	測定可能性
Achievable	達成可能性
Realistic	現実的
Time-bound	期間限定

募集機関・財団等とのコミュニケーション

1．計画している事業にビジョンが合う助成金を探す。複数件あってもよい。

2．助成金募集が見つかれば，応募要項をよく読んで理解する。不明点は募集している機関・財団等に質問。

3．事業案を応募用紙の様式に落とし込む。（情報収集・整理，予算作成）

4．申請書と資料一式を募集している機関・財団等に送付。

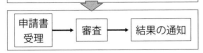

申請書受理 → 審査 → 結果の通知

図 12　助成金申請の流れ

ii）申請書のチェック項目

　以下に，申請書に記載する際に必要な基本的な項目に関して注意点を挙げる。

　プロジェクト目標は，プロジェクト終了時までに達成する目標である。プロジェクト目標の妥当性を十分に検討する。現地政府の政策目標，現地関係者の問題意識，現地ニーズと十分に合致することを確認する。このプロジェクトを実施することで社会の何が変化するかを端的かつ具体的に示す。

　プロジェクト目標の設定は SMART（ボックス 16 参照）を参考にする。達成可能な目標設定は大切であるが，簡単すぎる目標では時間や資金をかける意味がない。少々，チャレンジングな目標を設定することで関係者の士気があがる。

　プロジェクトは現地の**問題を解決する**ために実施する。問題の背景を説明するには，現地特有の政治経済状況や文化に加え，現地ニーズを客観的に示すための統計データを盛り込んで簡潔に記載する。対象地域について全く知らない人，行ったことのない人でも理解できるような**平易な言葉遣いと丁寧な描写**，簡潔な記述を心がける。そのうえで，この課題がどのように現地の人々にとって重要なのかを説得力を持って説明することが助成金獲得のために必要である。

　成果目標は，何をどのように達成するか具体的に段階を追ってわかる構成で**活動内容**を記載する。活動の背景にある意図とプロジェクト目標への道筋が明確になる。

　申請内容は**プロジェクトの全体像**がわかるように，かつ**具体的**に書くと伝わ

りやすい。活動の内容・手順・必要な人員・裨益者（恩恵を受ける人々）の情報が具体的で容易に理解できるような書き方を目指すとよい。具体的な表現には，「例えば，」という実例を入れることも効果的である。

ⅲ）予算案作成のコツ

予算案は，その助成金が定める項目に合わせて計上しなければならないため，まずは申請書を熟読して，どのような品目を計上できるか明確にしておく。注意点を事前に助成事業を募集している機関・財団などの助成金担当者に尋ねることができるならば，不明点がなくなるように準備する。何にいくらかかるかという情報は現地で確認しなければならない。途上国ではインフレ（物価上昇）が起こりがちなので，昨年の金額で今年も同じものを購入できるとは限らない。金額の大きな品目に関してはプロジェクトが始まり購入が開始できる時期までの有効期限が明記された見積書をとっておくことをお勧めする。

ⅵ）助成金担当者とのコミュニケーション

忘れてならないのは助成金担当者とのコミュニケーションである。助成団体はより良い未来の社会作りや開発の成果を生み出す力になりたいとのビジョンがあって助成事業募集を行う。そのビジョンに申請するプロジェクトが合致するかどうかは審査の一つの大きな要素である。助成団体がどんなプロジェクトを必要としているか，詳細や不明点については担当者へ確認し，それを現地スタッフに伝えつつ，自分たちのプロジェクト計画に盛り込んでいくことは重要である。また，同じ地域，似た対象グループ・目標を持つ他団体の事業計画書が公開されているならば，手に入れて読み込むとどの程度の情報を盛り込む必要があるかなど目安がわかる。

3節　プロジェクト運営のリアル

1）月間・四半期・半期計画（P: plan）
【Keywords：活動計画，月間計画，ガント・チャート，モニタリング】

ⅰ）計画立案

プロジェクトを成功に導くためには，計画立案が重要である。計画は，PDCAサイクルの "P" にあたる。プロジェクトの目的や到達目標（goal）を明確にし，それを達成するための具体的な**活動計画**を策定する。これらを**ステークホルダー**（stakeholders：利害関係者）や**カウンターパート**と共有し，合意を得ておくことが重要である。

　プロジェクト立案をワークショップ形式で現地スタッフとの協働作業で行うと，プロジェクトの共通理解が深まるという利点がある。さらに計画立案ワークショップにカウンターパートを加えることができると，彼らの主体性を引き出すことができる。これは，プロジェクトが引き渡し（handover：ハンドオーバー）された後の自立が上手く行くコツである（6章2節参照）。

　ii）半期・四半期ごとの計画表作り

　プロジェクト計画は事業期間に実施する具体的な活動をスケジュールに落とし込み作成する。例えば事業期間を3年間として，年度ごとに何をするかを大まかに把握したら，半期・四半期の計画表を作成する。どのような活動をどこで何回実施するのかが把握できれば，合わせて人員配置や資材を計画できる。

　半期・四半期レベルの計画表はワークショップで作成する。一方で，毎月の具体的なスケジュールは前月末に実施する会議内で話し合って決定する。直前まで具体的な日付は決められないからである。特にカウンターパートを含む役人が参加するイベントでは，政府側のスケジュールが決まっていないと調整できない。なるべく関係者全員が参加できるように日程や開催場所を調整するのは支援団体側に必要な配慮である。

　iii）計画表に記載されない項目

　半期・四半期レベルの計画表に記載する活動項目はおおまかなものである。例えば，イベントを実施する時には準備期間が必要であるが，準備そのものは半期レベルの計画表に明記しなくてもよい。具体的な準備プロセスなどは月間計画に明記する。前日になって突然準備を始めることがないように，プロジェクト運営責任者（project manager）が目を配る。準備に予算が使われるので，会計書類が提出されないならば，準備の進捗を確認し，遅れているようならば注意を喚起する必要がある。準備の手順や内容についても事前に話し合って文書化しておけば，間違いがないだろう。エクセルファイルで，表13のようなガント・チャート（工程表）[1) を作成するとわかりやすい。

　準備と同様に，各活動項目にも細目があり，それは別の文書で指示しなければならない。例えば，表13の"2．技術研修"実施に際して，一連の小さなPDCAサイクルがあることを意識する。P：研修そのもののニーズアセスメントを含む計画，D：研修実施，C：事前事後テストなどによる成果の確認，A：次のより良い研修への修正といった流れを上手く取り入れつつ活動を実施する。

表13　半期計画のガント・チャート（工程表）の例

活動項目	20XX						実施団体	担当者
	1月	2月	3月	4月	5月	6月		
1. 事前打ち合わせ	xx						現地行政, NGO	Mr. A and Ms. B
2. 技術研修		xxx	xx				現地行政, 病院, NGO	Mr. A, Ms. B and Ms. C
3. 現場のモニタリング				xxx	xx	xx	現地行政, NGO	Mr. A and Ms. B
4. 村での啓発活動				xxx	xxx	xxx	現地行政, NGO	Ms. B and Ms. C

2）プロジェクトの実施（D: do）

i）良い計画は実施をラクにする

　よく練られた詳細な計画があれば，プロジェクトの実施は簡単である。実施はPDCAサイクルの "D" にあたる。現場に出てしまえば，活動は現地スタッフに任せてよい。心配事は準備段階で十分に対応を話し合い，後はお任せするという気持ちでいれば，現地スタッフは必ず応えてくれる。

　活動実施中に成果指標の動向を追跡し，定期的にデータを集めることをモニタリングという。追跡する成果指標は，計画時に決定しておく。これも，PDCAサイクルの中では "D" にあたる。小人数でのプロジェクトであれば，負担のない範囲でモニタリングを当初から計画しておくとよい。例えば，ニーズアセスメントを参考に評価指標とする項目について，インタビュー（質的データ）やサーベイ（量的データ）などの情報を収集する時期を年間計画に組み込んでおく。そうすれば，目標に対する進捗状況を定期的にモニタリングできる。

ii）ハプニングは，腕の見せどころ

　しかし，突発的なハプニングは，大なり小なりいつでも起こる。「今回は，そうきたか！」と，それに対応することがむしろプロジェクト運営責任者の腕の見せどころである。技術などの研修の際に，カウンターパートの現地トレーナーから突然必要な消耗品をもっと補充してほしいなどのリクエストが出る時がある。その時に予算の使用を承認するのはマネジャーである。「事前に連絡が無かったよね!!!」と，怒っている場合ではない。必要性を瞬時に判断し，現場にあるもので代用できないか，新たに購入するかを決定するという瞬発力が必要

である。資金を無駄にはできないが，この一回限りの機会を最大限に活用できるかどうかが決め手となる。

iii）一期一会の機会を大切に

村での活動は普及・啓発活動が多いため，同じ活動の繰り返しになりがちである。しかし，同じ内容の活動でも各村での実施者・参加者は異なる。各回の出会いを大切にして，チャンスを最大限に生かす努力を積み重ねることで大きな変化を生み出す力になる。人々の意識や行動の変化は遅々としている。活動を何度も行い，粘り強く繰り返すことも必要なのである。

iv）計画どおりに行くことが目的ではない

活動計画を実施しながら進捗を確認し，必要があれば修正する。これが日常レベルの PDCA サイクルとなる（2章5節4参照）。計画どおりにいかない場合には，立ち止まって見直す。修正を加えながらより良い活動に仕上げていくことができれば，ベテラン並みの腕前である。計画を計画どおりに実施することが目的ではない。成果があがる活動へと導けるように計画修正を柔軟にし，本来の目的を達成することが重要なのである。

Column12　計画はあくまでも計画

途上国にいると想定外のことがよく起こります。洪水・台風といった自然災害から道路陥没で村まで通行不能になる，活動当日に隣村の結婚式に大勢が行ってしまい村人が留守，担当者が妊娠して3か月産休に入るなど，不可抗力もありますし，事前に知っていれば日程や開催場所を変更できたのにという場合などさまざまあります。

必ずしも計画どおりには進まないことを念頭に，プランBやプランCを準備しつつ計画を遂行する心構えが必要となります。結婚式の例では前日に村のボランティアから連絡があって日程を変えました。

計画変更に抵抗を感じる日本人は多いのではないでしょうか。日本人社会は計画どおり・時間どおりに進行することが評価される文化だからです。変更を柔軟に考えれば，日程は変更しても計画自体はあきらめないこともできます。計画はあくまでも計画，でも目標はしっかり見据えたうえで，三歩進んで二歩下がることで良しとしましょう。

（中田好美）

3）プロジェクトの評価と修正（C: check, A: act/ adjust）

【Keywords：評価，説明責任，成果指標，DAC評価6項目，組織の経験知】

i）モニタリングと評価の目的と定義

プロジェクト運営で評価は，活動の効果を見るために必須である。支援された資金を使って活動する場合，その成果を測り，効果を確認することは**説明責任**（accountability）を果たすことにつながる。

評価は，プロジェクトの実施中に行われるモニタリングで定期的に集めた情報を分析し，目標が達成されたかどうかを判断することである。PDCAサイクルの中では "C" である。評価はとても大事だが，細かくやり過ぎて肝心のプロジェクト運営に支障が出るようでは，本末転倒である。評価したい厳選されたモニタリング項目の情報をもとに，"何が変化したか（結果）" だけでなく，"どのように変化が起きたのか（プロセス）" を明らかにする。

余裕があるなら，JICAや国際機関が活用しているDAC評価6項目（表14参照）を用いて多面的な評価を行うのもよいだろう[1]。

ii）評価ワークショップや最終事業報告書作成のススメ

半期や年間評価などは，本部や現地スタッフ，カウンターパートとの協働によるワークショップ形式で実施するとよい。成果が目に見えることで，カウンターパートのより良い理解や協力，プロジェクト運営経験向上につながる。

表14　DAC評価6項目[1]

評価項目	解釈の例
関連性 / 適合性 / 妥当性 （Relevance）	ニーズ（必要とされていること）と合っている
協調性 / 補完性 / 整合性 （Coherence）	同じ目的での内外事業との連携によるシナジー効果がある
有効性 （Effectiveness）	目的・目標が達成される
効率性 （Efficiency）	資源（資金・技術・物資・時間等）が上手く管理されている
インパクト （Impact）	実施によって生じた変化（正・負の違い）がある
持続性 / 自立発展性 （Sustainability）	効果は，長期的に継続する可能性がある

ワークショップ開催準備として日ごろの活動で集めた成果指標データを月ごとにまとめておくとよい。ワークショップ当日では，設定された目標や成果（何を目指すのか）を確認しつつ，事前に設定した成果指標のデータを並べ比較する。成果の達成度に関してグループで議論をし，結論とともに来期のアクションを決定する。ここで，カウンターパートからも参加や主体的な実施を確約してもらえると来期の活動実施もスムーズである。

なるべく自由な発想で話し合い，問題があれば解決策を導き出す。このような場でスタッフがのびのびと意見を言えるようなチームであると，より良い活動ができる。プロジェクト終了時のワークショップでは**プロジェクト目標**の評価を行う。何をどの程度実施してどう変化したのかという評価の記録やそれを基にした最終事業報告書の作成は**組織の経験知**（institutional memory）として財産になる。団体紹介などにも活用できる。

4）現地関係者と協働するコツ
【Keywords：ステークホルダー，カウンターパート，ハンドオーバー】

i）現地にはさまざまな関係者がいる

プロジェクトを開始するうえで，事業地にはどんな鍵となる人々（key persons）が存在しているか把握しておこう。そして，早目に挨拶をして友好関係を築いておくことが大事である。開発分野でよく使う用語に，**ステークホルダー，カウンターパート**がある。

ステークホルダーとは，一般的に利害関係者という意味である。成果の良し悪しを共有するメンバーで，プロジェクトの成否を問う重要な関係者である。現地でのプロジェクト関係者では，政府や郡などの行政官，プロジェクトに関わるスタッフやボランティア，裨益者（ひえき）となる村人を含む地域住民だろう。**カウンターパート**は，事業地での対応先である関係機関や協力者のことで，対等な関係にある。大概，行政（保健行政区事務所など）や地域住民団体（農民協働組合など）のリーダーや職員であり，プロジェクト終了後に活動を引き継ぐハンドオーバー先になることが多い（6章2節参照）。

ii）支援団体はサポート役に徹しよう

いつかいなくなる国際支援団体の役割は，現地の人々に成り代わって運営することではなく，現地の人が運営できるように**サポート役**となって側面から支援することである。主役はあくまで現地の人々である。これらの関係者が支援

団体の活動に協力することで,「できること」が増えるように努めたい。彼らに必要なのは運営やノウハウなどのマネジメント経験である。プロジェクトを協働で運営することを通して,彼らが自立してプロジェクトを計画立案し,評価できるようになれば,活動そのものの持続性が高まることになる。

iii）時には難しい要請も

正当な理由であっても,カウンターパートや地域住民などから難しい要請が来る時もある。強く拒否する必要はなく,やんわり断るくらいがいいだろう。どんな要請であれ,要望を伝えてくれることは団体に信頼を寄せ,良い関係が築けている証である。現地の人たちのより良い未来像を共に描き交流を続けよう。この関係性の中から次の良い活動が生まれるものである。

Column13　プロジェクト協力者へのインセンティブをどうするか

"インセンティブ"とはプロジェクトへの協力者に支払う謝礼金の意味として使われる用語です。途上国では開発プロジェクトに協力する代わりにインセンティブを受け取ることが慣習化しています。具体的には活動参加時に支払われる日当・交通費・食費なども含まれ,経費として支払うべき支出も確かにあります。一方で,協力者側はインセンティブを給与代わりとみなすこともあり,よく値上げを要求します。

いくら支払えば適切なのかは難しい問題で,多くの開発系の団体を悩ませてきました。人道的支援や社会福祉に寄与する活動は,政府がやるべき役割の延長であり,かつ行政サービスの質を高める活動がほとんどです。協力してほしいけれど,公益に使うべき資金の多くが個人のポケットに入っていくのは困ります。一方で,政府の予算がないために,プロジェクトに協力すると個人が経費も肩代わりしなくてはいけない状況も負担が大きいです。

そのような葛藤の中で一つの基準として「プロジェクト終了後も自分たちで活動を続けられるか」を問うこととしていました。近年は政府が交通費などの基準額を決めるようになったので同額を支給するようにしています。

（中田好美）

４節　報告　効果的な情報共有

１）報告書とは

【Keywords：報告書】

i）なぜ報告は必要？

プロジェクトの進捗（進み具合）や成果などを関係者と共有するためには，報告は欠かせない。そして，報告とは，多くの人に伝える目的を持つ。出来事をまとめ，報告書として文章化することで，直面している課題や，著しい成果が正確に伝えられ，悩みや喜びも分かち合うことができる。

ii）報告書の種類とその方法

報告書の種類には，日報，週報，月報，年報，一定期間や出張時の活動報告や資金の出納を記した会計報告書などがあり，必要に応じて作成する。一般的な活動報告の内容には，その報告の目的，結果（客観的な情報），考察や今後の展望などの項目が含まれるだろう。書くべき内容の項目が提示された様式（４章４節２・３参照）があると便利である。また，情報は“生もの”であり，作成には期限を守ることが重要である。

iii）誰にでも伝わる文章を書くコツ

報告書に書く文章は，簡潔に正確に誰にでも伝わりやすく書く必要がある。しかし，このスタイルに慣れないうちは，なかなか上手く書けないものである。ボックス17の報告書の文章を書くコツを参考にしてみよう。“報告書作成スキル”として，書く際に意識をすると，習得していくものである。

また，報告書を読む相手は，現地に来たことがない人であるということを忘れないようにしよう。つまり，自分が見たり聞いたりしたことをそのまま書いても伝わらないということである。背景や状況の説明があって初めて第三者である報告の相手が理解できる文章となる。これらのコツは，日本語だけでなく，英語で書く時も共通するものである。

ボックス17　報告書の文章を書くコツ

報告書作成スキル・チェックリスト
☑ 主語と述語が明記されているか？
☑ 主語と述語が対応しているか？
☑ 一文は，単文（主語と述語が一つ）構成？
☑ 一文や一段落は長すぎないか？
☑ 内容が重複していないか？
☑ 不要な修飾語や形容詞はないか？
☑ 専門用語や略語には説明があるか？
☑ 同義語の用語は統一されているか？
☑ 項目ごとに，小見出しがあるか？

2）月例報告書の書き方

【Keywords：月例報告書】

i）月例報告書の構成

月例報告書は，毎月1日から末日までに実施した活動とデータをまとめて本部に提出する報告書である。報告書様式では計画時の構成（PDMなど）を使用しているなら，同様の構成を活用することをお勧めする（2章6節5参照）。プロジェクト名・プロジェクト目標・成果目標・活動の順に構成されている。目標につける番号や記号も計画時と同じものを使うと，その特定のプロジェクトについて知らない人でもプロジェクトの構成がわかる報告書となる。

成果目標の文言などは，計画修正などの改訂を経る度に変更したらよいが，毎月必ず書き換えるのは活動の部分である。活動の回数，参加者数，内容，実施上の特筆すべき出来事や参加者の反応，実施上の困難，その解決策，などを事細かに記すことで良い記録となる。現地スタッフが英語で提出した報告書をもとに書くが，疑問点があれば口頭で尋ねる。その月の報告書に不明な点がないように起こった出来事を網羅する。活動だけでなく，事務所への訪問者や事務的な記録（購買の記録），プロジェクトに関連する政策や社会の動きなども書き込む。

ii）月例報告書作成のタイミング

報告書はルーティンの作業である。なるべく早く書き出すことをお勧めする。事業スタッフが集める活動データが手元にあれば，報告書は月半ばであっても書くことができる。月例報告に必要事項が書いてあれば，年次報告は月例報告をまとめたもので十分だ。一気に負担が来ることがないように日々の積み重ねが大切である。ボックス18に月例報告書の例を示す。

iii）コミュニケーションツールとしての報告書・記録としての報告書

報告書は単なるルーティン作業ではなく，報告する相手に対するコミュニケーションツールとして，かつ団体の事業経過の記録として活用したい。報告書を読めば，活動の進捗状況，内容，結果，考察の全てがわかる記録である。会計報告と合わせて，何年何月に何が起こったかがわかると後で振り返る時に非常に便利である。

報告書は個人の日記とは異なる。**客観的な記述**に徹して，事実と自分の**意見**を分けて書くことを心がけよう。活動の報告を行う現地スタッフにも「事実」と「意見（考察）」を区別して報告するように教える必要がある。記録として有

ボックス 18　月例報告書の例（前月の報告）

9 月の事業報告書	提出日：20XX 年 10 月 2 日 作成者：○○○○

<u>プロジェクト名</u>：カンボジア農村部の母子保健改善プロジェクト
<u>プロジェクト目標</u>：村の母子が適切な母子保健サービスを妊娠期・出産・産後期の適
　切なタイミングで受ける。

<u>成果 A</u>：助産師の知識と技能水準が上がる。
◆活動①：助産師トレーニング
　今月は活動なし。11 月のトレーニング計画に向けて，州保健局・郡保健局の母子
　保健担当者とトピックの話し合いを始めた。会場や研修用具調達の準備，など……
◆活動②：助産師の会議支援
　プロジェクト対象の 10 か所の保健センターの助産師○○人が郡保健局に集まって
　会議を行った。各センターで起こった妊娠・出産に関する問題や地域の課題につい
　て話し合った。X 保健センターでの 8 月の分娩件数は 15 件であったが，そのうち
　生まれて 1 週間以内に死亡した新生児が 1 名。分娩の搬送が 3 件あった。など……

<u>成果 B</u>：村の母子保健の啓発活動を行う
◆活動①：保健ボランティアの育成
　Y 保健センターにて保健ボランティアを集めて，会議を行った。20 人中 15 人が
　参加した。今後各村で実施したい活動について話し合いを行った。（続く……）
　（記録のためにできる限りの情報を盛り込む）

その他，課題，訪問者，本部と共有したい情報（政策の変化）など

用なのは，<u>プロジェクトで何をして，その結果起こった変化</u>であって，「皆が喜
んで良かった」などの感想ではない。
　報告書は，現地から本部への一方的な報告にならないようにしたい。本部の
担当者に報告書の内容に関する感想や質問をもらい，修正するひと手間をかけ
ることが重要である。この手間により，本部の意図もわかり，誤解を最小限に
抑えることもできる。知らない人が報告書を読んだ場合，何気なく書いた一文
を全く異なる意味で理解することもある。積極的に意見を聞いて読み手のとら
え方に気づくことで，報告書の作成スキルの向上ができ，現地での活動の様子
がより良く伝わることにつながる。

3）会計報告書の書き方
　　【Keywords：会計報告，年度予算，内部統制】

i）会計報告とは
会計報告は，定期的な出納の記録である。本部に提出され，進捗管理にも使

前月からの繰越金（銀行残高＋手持ち現金）
$$- \quad 支出金額$$
$$+ \quad 入金$$

月末残高（銀行残高＋手持ち現金）

図 13　ひと月の会計計算方法

表 15　カンボジアでのある月の会計収支表

（例）20XX 年 Y 月		現金		銀行口座
		リエル	米ドル	米ドル
収入	月初残高（繰越金）	150,000	1,450.00	12,000.00
	本部送金（銀行間）	0	0.00	8,000.00
	現地収入	**600,000	*6,000.00	0.00
収入合計		750,000	7,450.00	20,000.00
支出	銀行引き出し / 両替	0	**150.00	*6,000.00
	支払い	550,000	6,542.00	1,500.00
支出合計		550,000	6,692.00	7,500.00
残高		200,000	758.00	12,500.00

注）両替レートを 1 米ドル＝ 4,000 リエルとする。

われる。会計は数字が正確であることが重要である。団体によって報告頻度が異なることもあるが，例として会計を締める単位がひと月とすると図 13 のようになり，大まかな計算方法はシンプルに考えられる。

　前月からの繰越金額と月末残高は目視で確認された金額である。もし月末残高の合計が合わなければ，その月の支出あるいは入金の合計に間違いがあるということだ。品目が多い支出金額合計の計算間違いというケースが最もよくある。信憑書類[注1] を基に慎重に表計算（会計用）ソフトへ入力しなければならない。

　表 15 は，図 13 を具体的にカンボジア国の例で表記したものである。カンボジアは米ドルと現地通貨であるリエルが流通している。

　注意が必要なのは，150 米ドルを 60 万リエルに両替し，それぞれ支出と収入として記録されている点である。これは資金の移動であり，実際の資金の増

（注 1）　信憑書類：領収書・請求書・銀行の伝票など取引内容や金額の証拠となる書類。

減はない（表中＊は銀行口座から引き出し，＊＊は米ドルからリエルへの両替を表す）。同様に銀行の資金を引き出しで現金化することも資金の移動である。Y月の実際の支出合計は55万リエルと8,042米ドルである。支出や資金移動に関しては必ず正式な信憑書類があることが前提である。

　会計・経理の手順については，団体によって手続きや必要書類が異なる。初期研修でも必ず教える項目である。さらに不明な点があれば，各団体の経理担当や税理士など専門に会計に携わる人に相談する機会があるはずなので，わからないことは無理せずに担当者に尋ねることをお勧めする。

　ii）予算と会計報告

　会計は理事会で承認された**年度予算**どおりに執行する。資金利用が予定どおりに進むということは，活動の進捗も予定どおりに進んでいることになる。気を付けたいのは，会計報告に記載される活動での支出と活動報告の記録が矛盾していないことである。

　支払いが誤差の範囲よりもかなり多くなることが判明した場合には，速やかに本部に知らせ，事前に相談することは遠隔で仕事を進めるうえで大切な業務である。また，無駄な資金を使う必要はないため，節約できた部分に関してはそのとおりに報告するとよい。

　iii）会計の内部統制

　会計手続きは2名以上の担当によって進められることが理想である。不正な資金利用を防ぐために，また会計手続きの信頼性を確保するための一種の**内部統制**である。基本的に資金利用を承認する責任者，出納係（資金を金庫より出す人），会計係（出納を記録する人）の3者は一役一名で設定すると内部統制が高まる。ただNGOなどの支援団体は少人数で運営されることもあり，なかなか人員を確保できないことも現実である。

Column14　ドナーに求められている現地からの報告とは

　資金を支援いただく支援者（ドナー）に対して，私たちは定期的に報告する義務があります。支援のきっかけは，活動の趣旨に賛同いただくケースや，特定の問題や国への関心があるケースが多いです。でも現地の状況に詳しい方ばかりではありません。

　報告では，まず，活動成果としてデータでの改善を示し，解決しようとしている問題への貢献度を伝えます。ここでは客観的で信頼できるデータを使います。また，写真を多用して具体的にイメージができるように説明します。途上国での課題は，写真や図を使って視覚的に表すことで状況の理解が容易になり，さらに共感を得ることができます。

　書類での報告だけでなく，時には実施責任者が対面で報告することで，より具体的で臨場感がある報告ができます。パワーポイントを使って写真・図・表・グラフを多用して簡潔にまとめます。ドナーによっては具体的な活動実施時の苦労のエピソードを喜ばれる時もあるので，相手の要望に合わせて工夫しています。

（中田好美）

<table>
<tr><td>第 5 章</td><td></td></tr>
</table>

後方支援
──本部が現地事務所をどう支えるか

1 節　現地事務所のピンチを救えるか？〈ストーリー 5〉

ⅰ）現地からの SOS！

　現地事務所の里桜さんから珍しく本部の好美センパイに国際電話がかかってきた。さすがの好美センパイも「これは何か起こったか？」と険しい顔をして電話に出ると、「バイクが盗まれてしまった！」と里桜さんが慌てている。「落ち着いて、大丈夫だから」と、まずは声をかけたが、好美センパイも、冷静を装う努力をしつつ事態への最適な対応を探していた。

　バイクは普段から活動に使用しているもので、非常に大事なものだ。いつもきちんとメンテナンスをしていて、状態の良いものなので、現地の人からみると魅力的で、かつ高価なものに映るかもしれない。日本では、一般家庭に 1 台自家用車があるように、カンボジアでは一家族全員が 1 台のバイクに乗って出かけたりと、とても大事な交通手段だ。

「バイクが盗まれてしまった！」と聞いて，普段の活動にも影響がでてしまうことはもちろんだが，現地事務所で働く里桜さんのことが心配になった。今回は，物が盗まれただけだったが，もし泥棒と鉢合わせになったりしていたら……，今後も物が盗まれるようなことが続いてしまったら……と。きっと，今も，気持ちが張り詰めた状態にあるかもしれない。どのような声をかけてあげたらいいのだろうと頭を巡らせた。すぐに駆けつけて，一緒に状況の確認などができない，報告を待つしかないところに本部の無力さを感じる。

ii）本部がすべきこと

本部としては，現地事務所のセキュリティが十分なのかどうか，どんな改善策を取るべきなのか，事務所で入っている保険の見直しは必要ないだろうかという側面も気になる。でも，これらのことを現地事務所に矢継ぎ早に連絡しても，現地で働く里桜さんを振り回してしまうだけだろう。まずは，これまでの信頼関係を信じて，現地で働く人の意見を聞いて，改善策を考えることにした。

現地事務所の意見としては，「特に治安の悪化を感じることはないが，今後もこのようなことが続くと困る。カウンターパートにも協力してもらい，現地警察に盗難届を出すこと，そして‘しばらくの間，事務所周辺を注意して見守ってもらいたい’と伝えようと考えている」とのことだった。本部としても，この意見は十分賛同できるものである。特にこのような時は，通常の活動のみならず，現地で働くスタッフの生活環境についても，アドバイスやサポートをお願いできる関係をカウンターパートと築けていることが，非常に大事だと感じる。

本部としては，新しいバイクを購入できるように，また類似のことが起こった時のための予備予算を計上できるように，資金繰りについても考える必要がある。そして，現地に出張する時には，今一度，現地事務所周辺の状況について確認したり，カウンターパートへ感謝の気持ちを伝えることも忘れないようにしたいと考えている。

一連の出来事が落ち着き，本部から経験豊富な好美センパイが定期的に評価に訪問する時にまた確認するとのことで，里桜さんも心強く思った。

2節　本部と現地事務所の連携

1）信頼関係とサポート

【Keywords：本部，現地事務所，伴走者，調整役】

i）本部の海外事業担当が注力すべきこと：信頼関係の構築

　本部の海外事業担当の役割は，**現地事務所**との窓口となり多様な相談対応や調整の役割を担うことである（本部と現地事務所の大まかな役割については2章4節参照）。この役割を果たすうえで，現地事務所との**信頼関係**は欠かせない。この信頼関係が怪しくなると，正確な情報がタイミングよく伝わらなくなり，不正確な情報から誤った理解や判断により，プロジェクト全体の成果に悪影響が出る可能性もある。本部の海外事業担当が，現地事務所の**伴走者**としての相談役や海外事業が上手くいくような**調整役**として働き，現地事務所をサポートするためのコツを以下に示す。

ii）本部の海外事業担当の現地事務所に対するサポートへのコツ

　①プロジェクト理解から始める：事業計画書や定例報告書に丁寧に目を通し，年数回の現地視察などをすれば，現地のプロジェクト内容や進捗，課題，仕事量の大枠は理解できるだろう。現地駐在員は，1人で何役も担うこともあり日々の業務で忙しく，時に解決困難な問題にぶつかり凹む時もある。その気持ちを察することができるようになろう。組織である限り，本部と現地の上下関係の文化は無意識に存在することを念頭に，海外事業担当は，現地がプロジェクトや組織運営の課題（時として面倒な問題）を安心して話せ，相談に乗ってくれる伴走者になっているか，自問してみよう。

　②コミュニケーションツールの適切な選択をする：現地（海外）と本部（日本）との遠隔でのコミュニケーションツールは，場面によって使い分けよう。Eメール，電話，対面のSNSを使った電話，Web会議などがあるだろう。お互いの表情が確認できるツールであれば気持ちも伝わりやすい[注1]。

　③トークやメール内容は労いを込めて行う：本部業務も忙しく，ついつい一方

<hr>

（注1）　現時点でよく使われている無料アプリは以下のとおり。現地の事情などに合わせて選ぼう。ネット環境によって音声の質が変わるので，複数アプリを使えるようにしておくとよい。
　　コミュニケーションアプリ：Skype，Line，Messenger，WhatsApp，Viber，Microsoft Teams，Slack，Telegram，We Chatなど
　　Web会議用：Zoom，Webex，Microsoft Taems，Google Meetなど

的な E メールのみでの連絡になっていないだろうか？　思いやりを欠いた「活字」トークやメールは，読み手のその時の心情に影響を受けて解釈されがちである。信頼関係が揺らぐ誤解は避けなければならない。ほんの一言，労いの言葉を添えるだけでも，随分，読み手である現地駐在員は，救われることがある。できる限り，対面でのコミュニケーションとし，労いを忘れないようにしたい。

2）広報と記録写真：現地の活動の魅力を多角的に引き出す
【Keywords：広報，説明責任，記録写真，同意書】

i）広報の役割

現地活動を文書や写真・動画などの映像を通して記録することはとても重要である。これらを活用し本部の**広報**は，支援者にいただいた資金をどのように活用し，有用な成果が得られたかを伝える**説明責任**を担う役割を持つ。さらには，広報によって団体のビジョンやミッションを含めたイメージを広く伝え，知名度を上げて支援者を増やすという目的もある[注1]。遠く離れた現地事務所であっても，その活動が支援者により良く理解されるための情報提供の重要性を知っておく必要があるだろう。

ii）効果的な記録写真

広報の年間計画で，HP 更新，イベントなどで現地情報が必要になるタイミングを現地事務所と共有しておこう。写真は，文書よりもインパクトがあり，現地の活動の魅力を多角的に引き出すものである。撮影をプロに依頼することも一案である。以下にいい**記録写真**を撮るコツを3つ挙げてみる。

①題目の設定：写真を撮る際には，「何を伝えたいのか？」という題目設定があるとメッセージが明確になる。広報の題目案を，現地事務所と本部の事業担当で共有しておくと効果的である。

②解像度の設定：写真の解像度は，粗いものにしない方が良い。印刷物やポスターにする場合は，1,200万〜2,100万画素程度が求められる[注2]。

[注1]　著者が働いている人道団体では，団体のビジョン・ミッションが見直され，被災者を無力な人々（victims）ではなく，困難を乗り越えようとしている人々（survivor）ととらえるようになり，映像やインタビューの切り口が大きく変わった。
[注2]　1,200万画素あれば，SNSで使ったりA4サイズに印刷するには大丈夫。ただし，広報方針で，イベントなどでA2やA1サイズに印刷するのであれば，2,100万画素の一眼レフ（高価です）がお勧め。広報方針は広報担当に，購入予算については会計担当に相談しよう。

③**被写体との信頼関係**：" 現地の人々が主役である " というメッセージが込められている現地の人々や子ども達の " 満面の笑顔 " の写真は，現地活動を映し出す目玉となる。信頼関係を日々積み重ねた現地スタッフでなければ撮れないだろう。

気を付けるべきは，撮影時（特に子どもが被写体となる場合）の合意やルール[注1]といった倫理的問題への配慮を忘れないことである。写真例があり，同意書（サンプル）つき簡易マニュアルがあると便利である。英語版や現地語版があれば，現地スタッフとも共有でき，彼らがいい映像を撮ってくる可能性もあるだろう。また，広報写真において，その団体の理念によるが，日本人の活躍ばかりが目立つ場合には，" 誰のための活動か " を問うセンスも必要である。

3）資金集め（ドナーとの良好な関係作り）
【Keywords：報告，フォローアップ，継続したコミュニケーション】

開発途上国への支援プロジェクトを実現するためには，" **支援する想い** "，" **現場力** " とともに " **資金** " が必要である。資金源としては，主に①個人，団体含めた篤志家，②企業，③公的助成金，④収益事業などがある。特に，①②のドナーからは " 想い " も一緒にいただいており，共通して言えることは信頼の絆の重要性である。ドナーとのお付き合いは一過性ではなく，支援プロジェクトの理解や評価のうえ，信頼を得ることで継続した支援となる。このような背景があって，現地での支援プロジェクトを安定的に推進することが可能となる。

資金を募る際，熱意をもって支援プロジェクトの必要性を語り，共感や理解を得るだけでなく，いただいた資金をどのように使用して，成果に結びつけたかなどの**報告**の積み重ねが信頼関係の構築につながる。時には，成果を上げられたことの喜びを共に分かち合うことなど，丁寧で誠意ある**フォローアップ**が大事である。貴重な資金を有効に使わせていただくという基本姿勢を忘れず，**継続したコミュニケーション**をとることが，ドナーとの良好な信頼の絆となる。

（注1）　映像や聞き取り内容をどう使用するかについて，子どもと保護者に説明し，事前に同意を取ることが求められる。著者の働く団体では，文書（英語と現地語）による合意を取ることが強く求められている。子どもの権利を推進している多くの団体が，ガイドラインなどを公開している。一例として，チャイルド・ファンド・ジャパンの，「子どものセーフガーディングの行動規範」参照のこと。https://www. childfund. or. jp/about/policy/Child_Safeguarding_Policy. pdf

Column15　募金活動は"価値"を売る営業のようなもの

　メーカーでの営業活動が長かった私にとって，募金活動は，これまでの経験を大いに活かすことができています。一般的な営業活動では顧客に製品・技術・サービスといった有形のものを提供して見返りにお金（代金）をいただきますが，募金活動ではドナーに売る製品がないのにお金（寄付金）をいただくという苦労があります。そのため募金活動では，ドナーに魅力的な"無形の価値（途上国での活動）"を売り込み，認めてもらい，賛同を得ることに頭をひねります。

　心を込めて売り込むには，現地で活躍しているメンバーと心を一つにして状況や成果を共有することが大事です。そのため，メンバーが折々に帰国した際に酌み交わす機会は，苦労を分かち合い情報を共有する良い機会となっています。そんな生き生きとした話も交えながら，いろいろなドナーと出会い，誠意をもってお付き合いし，粘り強く思いを伝えて寄付に結びつけた瞬間の喜びは，それまでの苦労を忘れ格別な気持ちになります。

（横尾　勝）

4）本部による危機管理への対応

　　　【Keywords：危機管理マニュアル，危機管理チーム，シミュレーション】

i) 危機管理への適正な対応のために

　団体の危機管理の最終責任は本部にある。そのため本部がリードし平時からリスク管理や危機管理（2章3節参照）を進め，危機管理マニュアルをもとに，緊急事態発生時に対応することが重要である。最悪の事態として駐在員が死亡した場合，家族など近親者対応，メディア対応への役割もあらかじめ確認しておくことも大事である。

ii) リスクの抽出（リスク特定，分析，評価）[注1]

　最悪の事態を回避するためにリスク管理として，先ずは大使館やJICAなどの安全情報[注2]，本部主導でのリスク管理ルールを確認し，駐在国や地域によって

（注1）　保険会社リスク対応資料の図表「海外リスク項目」は，現地でのリスクを抽出する際に参考になる。[1]
（注2）　安全情報の情報源

違いを考えつつ優先順位をつけて抽出する。

iii）リスクの低減・回避

　途上国で活動することを考えると，リスクを完全に回避することは難しい場合がある。もちろんリスクがあまりにも高い場合には，プロジェクト中断，駐在員退避という判断もやむをえないだろう。ただし，リスク低減（経費をかけて保険などの活用など）は可能である。

ボックス19　本部危機管理マニュアル
内容例

```
１）目的
２）危機管理チーム構成員と役割
３）現地事務所と本部の役割分担
４）平時の業務
　・危機関連情報の収集と分析
　・リスク毎の低減策リスト
　・派遣前研修の主たる内容
　・緊急時連絡網と連絡先リスト
　・治安情報入手先
　・参考資料：
　各現地事務所の危機管理マニュアルなど
```

iv）危機管理マニュアルと危機発生時の対応シミュレーション

　危機管理マニュアルの内容は，ボックス19に示したとおりである。これらを定期的に更新し，連絡先など，個人情報管理の点から適切に管理する必要がある。また，理事長や事務局長を巻き込み，定期的に**危機管理チーム**での緊急事故シナリオで**シミュレーション**を行うのが効果的である。実際の危機発生時は，現地事務所の対応力を超え，地元警察，大使館領事部，保険会社，航空会社などの支援が必要なことも多々ある。現地事務所をいかに支援できるか，平時の本部の準備と本部と現地事務所の信頼関係にかかっている。

5）海外派遣人材のリクルート

【Keywords：駐在員，リクルート，募集要項，新任オリエンテーション】

i）人材は人財

　人材は，団体の大切な財産である。現地事務所へ**駐在員**としての派遣を想定し**即戦力**となる**適任者**を採用することは簡単ではない。どのような視点から適任者を選べばよいかプロセスに沿って述べる。

　JICA国別安全対策情報　https://www.jica.go.jp/about/safety/rule.html
　Crisis Group　https://www.crisisgroup.org/
　Relief web　https://reliefweb.int/
　事業国の旧宗主国の現地大使館ウェブサイトも情報源となる。本部事業担当者は，上記ウェブサイトや担当国地元英字紙ウェブサイト（1か国1紙）をPCのブックマークに登録し，週に一度5～10分で流し見するだけでも現地事務所に関連する安全情報を大掴みすることができる。

ii) 現地駐在員のリクルートの方法（3章3節3参照）

①**募集要項の準備**：リクルート情報を整理し，**募集要項**を作成する。

②**募集方法**：公募サイトも複数箇所に掲載を依頼する。開発業界で働く友人・知人に募集要項を添えて，メールや SNS 上で適任者紹介を依頼したり，これはという意中の人がいるようであれば，直接声を掛けてみよう。

③**書類審査**：履歴／職歴書で審査する。提出書類が，仕事で必要とされる知識やスキル，語学力を記した説得力のあるプレゼン資料になっているか確認しよう。

④**面接審査**：組織運営やプロジェクト運営の**経験・能力，人物**を確認する。組織運営の経験・能力を確認するには，募集ポジションで起こりうるシナリオを提示し，対応策を答えてもらい，そのうえで議論する方法は有効である。

人物については，一緒に働ける人か，現地スタッフと上手くやれるかという視点から面接で確認する。**精神的なタフさ**については，面接での議論の中でもある程度は確認できる。最終面接に残った人には，**推薦者**に，応募者の実際の仕事ぶりや人物，タフさを確認する。もし適任者がいない場合，事情が許せば採用を数か月後へ**見送る勇気**を持つことも大事である。適任者が加わってこそ，組織力が向上するからである。

採用決定後は，直ぐには現地事務所への派遣をせずに，本部での**新任オリエンテーション**に時間をかけ，3〜6か月間は本部の業務を共に担うことも大事である。組織の理念，海外事業担当者のサポート体制や広報や募金，会計総務といった他部門の仕事を組織文化の中で体験理解し，本部スタッフと**顔の見える信頼関係**を作ることが大切となる。この信頼関係が，本部と現地事務所の連携の基礎となる。

6）現地へのスーパービジョン

【Keywords：スーパービジョン，サポーティブ・スーパービジョン，伴走者】

i) 本部による助言と指導

本部の大事な役割の一つに，外部の視点から現地事務所の組織運営やプロジェクト運営に対する**助言や指導（スーパービジョン：supervision）**がある（図14参照）。本部スタッフのみならず，外部の専門家が現地事務所を訪問して行うこともある。そして，適正な組織運営やプロジェクトの目標に向けた達成状況をチェックリストなどで客観的に確認し，軌道修正や改善の方策を立てる大

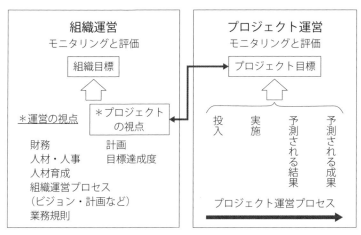

図14　スーパービジョンの視点

事な活動である。目指すものがあるからこそ，時には，改善のためにスタッフに厳しいことを言うこともある。相互の信頼関係が前提にあってこそ，切磋琢磨しながら質の高いプロジェクトに成長していくのである。

ii）効果的なサポーティブ・スーパービジョン

本部スタッフや専門家が現地事務所を来訪することは，現地で活動するスタッフにとって，プレッシャーを感じることである。効果的な方法として，サポーティブ・スーパービジョン（supportive supervision）がある。

サポーティブ・スーパービジョンとは，現地訪問の際に運営上の課題を見つけた場合，非難するのではなく，解決のために具体的に誰がどんな対策をとるべきか一緒に考え，励まし，実行することを目的とした支援的なスーパービジョンである。これには，来訪する本部スタッフもしくは外部の専門家が例え初対面でも現地スタッフ達と上手く信頼関係が結べるかどうかにかかっている。可能であれば，来訪前からお互いを知り合って信頼関係を結べるような機会があることが望ましい。そして，孤軍奮闘になりがちな現地事務所の良き理解者となり，伴走者としての姿勢をもつことが必要である。

3節　組織の成果・軌跡

【Keywords：文章化，説明責任】

i）組織の成果・軌跡：経験を文章化すること

現地事務所から届く定例報告書は現地の日常を伝えるだけでなく，組織にお

ける活動の**文章化**や映像の記録であり，**組織の経験知**として蓄積されていく。本部の海外事業担当は，現地からの報告や現地出張時の記録を参照し，地道に事業プロファイル，進捗や分析を積み上げ，写真やビデオの選別も進めておこう。これらは組織の軌跡となり，広報，検証や後進への継承にもつながる。現地事務所の日本人駐在員は，プロジェクトを運営することだけで多忙を極め，報告書を書くことの煩わしさを感じることもあるだろう。しかし，実践者の言葉には，"想い（情熱）"が宿ることで人の心に響くことを理解して，文字で表現することを勧めたい。経験したことを振り返り，表現しなければ，苦労した日々は活かされない。成功・失敗はなく，全てプロセス上の出来事である。経験を文章化することで**個人や組織の成長**へとつなげることができる。

ⅱ）公共への発信と説明責任

　組織のプロジェクト成果や軌跡（活動の経緯）を活動報告イベント，出版物，ホームページなどの手段を用いて発信していくことは，外部への**説明責任**を果たすうえで重要なことである。日本文化の美徳としての謙遜で，公言することを躊躇することがある。しかし，これは国際社会では通用しない。公言していないことは０も同然とみなされることもある。

　また，公共への発信は，広報の要素もある。事業報告書は，カラー印刷など魅力的な出版物で，定期的な進捗はホームページや SNS 上で伝えていこう。もちろん，このための印刷費や管理費は，必要経費として予算に入れておくべきである。ちょっとハードルが高いかもしれないが，英語で事業報告書を作成することにすれば，現地スタッフも参加しやすくなる。彼らも「自分達でやり遂げたプロジェクト」という意識をもち，評価活動参加を通し自信と達成感が高まるだろう。また，同じ開発分野で働くさまざまな国の支援団体やワーカーたちとも成果や学びを共有できることも利点である。

Column16　報告に謙遜は不要

　日本人の美徳に謙遜があります。「私達の団体は大したことはやっていないんです」的な報告をすることもあるかもしれません。そのような美徳は，国際協力の現場にも反映されることがあります。ある多国籍の国際支援団体のコミュニティでは，活動報告書が各々の団体の紹介として利用されていました。どこも魅力的なカラー写真と数々の成果がグラフで表示され，一目瞭然で内容が説明されており「すっごいことやってるんだ〜」と感心させられました。その魅力のままに活動見学にいくと，何やら現実とのギャップがありました。「外に向けての報告書は，キレイにするものよ〜」と笑っている担当者から，国際社会でのプレゼンスの表現の仕方を理解しました。でも日本人としては，1つ実施したことをまるで10も実施したことのように表現することは抵抗があるかもしれません。なので堅実に10実施したことを，魅力たっぷりに10報告するとよいと思います。

（岡本美代子）

125

第6章

プロジェクトの仕舞い方

1節　プロジェクトは永遠ならず〈ストーリー6〉

i）始まりがあれば終りがある

　プロジェクトが始まってから，早くも3年目に入り，後1年を残すところまでやってきた。現地の民族衣装をまとい現地語を使いこなしてスタッフとコミュニケーションをとる里桜さんの姿からは，頼もしいリーダーの風格が漂っている。思えば，プロジェクトを開始した当初は，自分が何をすべきかわからないままに無我夢中で時が過ぎた。ピンチも何回かあり，その度に本部の好美センパイに国際電話をした。今では，だいたいの事は，自分で判断できるようになった。お世話になった加奈子センパイは，今では隣国でのプロジェクトを担当している。時々，不意にSNSに面白いスタンプを連打して元気をくれる。後からわかったが，そういう時は，ストレスを溜めているのだそうだ（笑）。

　当初の計画のとおり，1年後には，このプロジェクトを終了し，カウンターパートが中心となって運営していくことになっている。頼もしい現地スタッフのピセットさんは，首都から来た助っ人であり単身赴任生活を終え，帰郷する

予定である。これまでも，自立を目標に現地の人々（カウンターパートなど）と折々に協働してきたつもりだが，誰もが遠い未来と考えている様子で，「私達だけでやっていくなんて，無理！　そんなに，足早に終えないで，もっとずっと一緒に活動してほしい」と懇願されてしまう。

　計画では，あと1年のうちに段階的に役割を引き渡していく必要がある。しかし，そのことを現実的に受け止めているのはどうやら自分だけではないだろうかと思うと愕然（がくぜん）とした。自分がこれまでベストを尽くしてきたことが，実は持続可能性へのハードルを上げてしまったのではないか？　残されるメンバーができることは？　新しく役割を与えて仕事が増えることには，快く思わないメンバーもいる。先のことを考えて「どうしたらいいの!!!」と，頭を抱えた。そして，緊急でもないが，この胸の内を加奈子センパイにSNSで打ち明けた。

> オーナーシップはどこなの？　　By　加奈子

　「はっ！」振り返ってみると，里桜さんは，自分で想像して，自分で考えて，自分で解決方法を探そうとしていたことに気が付いた。**オーナーシップを現地の人々（カウンターパートなど）に置くこと**，まずは残されるメンバーとしっかり話し合い，どうしたいかを確認しなければならない。それから，今後の具体的な計画立案，実施など，**PDCAサイクル**（2章5節4参照）を共に回していく。加奈子センパイが自分にしてくれたように。

　ii）終わりを迎える時までに

　残り1年で，自分はこの地を離れることになる。苦楽を共にしているプロジェクトのメンバー，今では信頼を寄せてくれているカウンターパートの局長，ネズミがでるからと仔猫を連れて来てくれた優しい大家さん，時々おまけをくれたマーケットの甘味売りのはにかむ笑顔のお姉さんとお別れをし，事務所や住まいを引き払う時がやってくる。

　「……ずっと一緒にいて欲しい」という思いに引っ張られ，本音は離れがたい気持ちがある。最初は，誰もが自信がないのはあたりまえで，試しながら修正すること（trial and error）を繰り返す過程で自信を獲得していくことを実体験から学んできた。残されるメンバーたちが自信を持って，継続していけるように支援することが，この地域の皆さんへの恩返しなのだと里桜さんは改めて決意を固めた。

2節　ハンドオーバー計画はプロジェクト開始時に

【Keywords：自立，ハンドオーバー，説明責任，透明性，持続可能性】

ⅰ）プロジェクトの終わり方はいつ決める？

　プロジェクトの終わり方は，開始時に計画する必要がある（4章3節1参照）。プロジェクトで強化する活動は，本来現地の組織が通常の業務として行うべき活動やサービスである。プロジェクト終了時点で現地の組織が自立して行えるようになることを見届けたい。

　実際のプロジェクト終了を見据えて，支援団体のスタッフは終了予定日の1年から半年前あたりより徐々に活動から手を引いていく。支援団体スタッフが中心に引っ張ってきた活動には，活動日程を決め，予算や資機材を準備したり，実施の際にはファシリテーションを行うなど諸々の作業・業務がある。これらをカウンターパートや村のボランティアが自立してできるように責任を渡し，見守る期間を設ける。

ⅱ）活動の持続可能性を目指して

　これまでは支援を受けていた活動を自分たちだけで実施するようになるためには，まずは，自分たちの活動であると認識をすることが大事である。

　開始時からカウンターパートが主体的にプロジェクトに関われるように気を配る。支援団体の予算以外の事項はカウンターパートとの協議で決定し，くれぐれも支配的にならないようにする。協働でプロジェクトを運営し，関係者全員がハンドオーバー（引き渡し）の日を意識する。

　プロジェクト終了後も活動が持続するために，各組織や機関の責任者と予算の出所を明確にする。これは事前の話し合いが必要で，責任を引き受ける側が活動の意義を十分に理解していないと成立しない。

　終了時までに活動内容や課題解決，改善のプロセスと成果を報告書にまとめ，ドナーや相手国政府などの特定の関係者に配布する。報告書を一般社会に向けても公表することで，活動の説明責任や透明性を確保する。終了時には成果の発表やセレモニーなどの機会を持ち，公にハンドオーバーを宣言することで，成果が地域住民のものになったことが理解され，活動の持続可能性につながる。

3節　事務所の仕舞い方

【Keywords：行政手続き，雇用関係】

i）事務所も永遠ならず

　プロジェクトに期限があるように，支援団体もその国から撤退する時が来る。それは現地の人たちが外部からの支援なしに自立してプロジェクトを続けられるようになった証でもある。支援が必要なくなったのに事務所をいつまでも置いておくことはできない。そこで，計画的に撤退を考えなければならない。撤退にも作法があり，いくつかの手続きを踏む（ボックス20参照）。

ii）事務所撤退の作法〜 "立つ鳥跡を濁さず" を目指して〜

①関係機関・所管庁への連絡と挨拶

　外部の支援団体は，現地政府との合意書（MOU）や団体登録によってその存在が保障されるため，それらの書類の撤退についての記述を確認する。大概は１〜３か月前に所管庁に公式レターにて事務所撤退の由を伝えることになっている。実際に必要な行政手続きについては各国の合意書を参照するとよい。手続きは公式レターによる撤退通知のみで十分としても，実際にお世話になった政府関係者を訪問し，対面で撤退の意思と理由を説明することは重要である。直接お礼を伝える良い機会である。

②現地スタッフへの情報共有と対応

　撤退決定については速やかに現地スタッフと共有する。雇用関係については，現地の労働法に退職金あるいは解雇金などの規程があるので，それに則って処理をする。できれば現地スタッフに職を紹介するなどして，スタッフの雇用を確保する。その国からの撤退が理由であったとしてもスタッフにとって事務所の閉鎖と解雇はショックなものである。スタッフの雇用が終了する時には，いつからいつまでどんな肩書で働いていたのか，役割や能力について記した証明書を現地代表名で発行する。最後まで事務処理を手伝ってくれるスタッフには最善のサポートを行う。

③事務所の所有物の処分

　ゴミを残して立ち去ることはしない。車両やエアコン，パソコン，コピー機，冷蔵庫などの機器類，デスクやチェア，

ボックス20　撤退時のTO DOリスト

① 関係機関・所管庁への連絡と挨拶
② 現地スタッフへの情報共有と対応
　（事前の解雇通知, 退職金, 職紹介など）
③ 事務所の所有物の処分
④ 銀行口座の解約と本部への資金返還
⑤ 関係文書の管理と保管場所の確保

キャビネットなどの資産や大型の事務用品は現地で売却する。所有車両を売る時には権利関係の書類をきちんとまとめて手続きを行う。特に支援団体は運輸局で特殊なナンバープレートを発行してもらっている場合が多いため，民間に売る場合にはナンバープレートの変更も含め手続きを行う。

④銀行口座の解約と本部への資金返還

現地での全ての支払いが済んだら，財産の売上金と銀行口座の残金は本部へ返金する。多額であれば銀行間送金し，少額であれば持参してもいい。ただし，銀行から引き出した紙幣であっても偽札が混入することがあるので要注意である。日本へ100万円相当額を手持ちで持ち込む場合には入国時に税関に申告しなければならないので気を付ける。銀行口座は忘れずに解約し，通帳や銀行関連書類は会計証拠書類として本部へ持ち帰る。

⑤関係文書の管理と保管場所の確保

契約書，会計書類，報告書の原本などは一定期間保管する必要がある。事務所がその場になくなる場合には，安全に保管できる場所を確保しなければならない。日本の本部で保管することも考えて，輸送費や倉庫を確保し，現地事務所を明け渡す前に発送する。

ⅲ）地域の人々が成し遂げたもの

長年活動を行った場所を撤退する時は非常に寂しく感じるものである。時間が経つと団体の名前すら忘れ去られることが多い。実際，建築物を支援して名前を刻む個人や団体は多い。しかし，名前を残すことは重要ではない。かつて日本人の支援で開発プロジェクトの活動をしていた程度の記憶しか残らなくても，現場に定着したプロジェクト運営のノウハウや地域住民たちの改善された行動が残る方が重要である。

外部からの支援団体が去った後に，地域の人たちが自信をもって「**自分たちで成し遂げた**」と思っているなら，実はそれこそがプロジェクトが成功した証と言える。いつか事業地を再訪することを楽しみに待ちたい。

Column17　また逢う日まで：その後とその先

　プロジェクトが終わり，15年以上を経て再訪する機会を得たことがありました。駐在当時は，2000年代に入っているにも関わらず，事業地近くの借家では，電気，ガス，水道が十分整備されておらず，夜の8時には，月と満天の星空が灯りとなっていました。

　自立運営を目指して人材育成をしたメンバー達に託した"その後"がどうなっているのか，真の評価を問われているような気がして，期待と不安が入り混じっていました。しかも，久しぶりに訪れる往路は，相変わらずの悪路で，その先にある事業地の状況を映しているのでは，と不安がよぎりました。

　しかし，再会したメンバー達の少しふくよかになった姿とその表情に自信がみなぎっているのを見た時，期待をしないようにしようとしていた自分を戒めました。自立の"その後"，自らの力で発展の歩みを続け，後進を育成している姿を目の当たりにできたことで，安堵とさらに"その先"があることの確信を得ました。

（岡本美代子）

第7章　SDGs・ESG 時代の企業と途上国への国際支援・協力

1節　企業の SDGs と ESG を見据えた社会貢献

【Keywords：SDGs，企業価値の評価指標（ESG），企業の社会的責任（CSR），共有価値の創造（CSV），BOP ビジネス，プロボノ支援，Public Private Partnership】

i）企業における社会貢献とは？

近年 SDGs の基本理念（1章2節1参照）に加え，"環境，社会，企業統治への関心の強弱が企業の成長力に相関している"との投資機関の評価が投資の判断要素の一つになっている。そのため，企業では，企業価値の評価指標（Environment Social Governance: ESG）にも関心が向いている。

さらに，社会に影響を与える企業としての存在意義が問われている。例えば，利益，雇用，納税，便益の創出などの経済的価値に加えて，基本的人権の実現に向けた社会的価値や，地球規模課題の解決に向けた人道的価値にも目が向けられている。この潮流の中で，企業の社会的責任（Corporate Social Responsibility: CSR）を強く意識し，その専門部署を設けて推進に取り組んでいる企業が増えている。

企業は本来の目的である利益の創出に結びつく形での社会貢献のあり方として，共有価値の創造（Creating Shared Value: CSV）つまり，社会的課題のビジネス化としての経営戦略を模索している。その切り口として，貧困層，つまりBOP 層（Base of the Economic Pyramid: BOP）の収益を確保しながらの生活向上など，社会的課題の解決に貢献する BOP ビジネス[1]や企業の持つ知識やスキルを無償提供し社会貢献するプロボノ支援[注1]などがある。

（注1）　プロボノ支援：ラテン語の"pro bono publico"（公共善のために）の略で，社会人が仕事を通じて培った知識やスキル，経験を活用して社会貢献するボランティア活動全般を指す。

ii）製薬企業と NPO のコラボレーションの事例紹介

　グローバル企業の一つである大日本住友製薬は，全ての人々の "より健やかに自分らしく過ごせる日々の実現" をめざす企業である。"Innovation today, healthier tomorrows" をグローバルスローガンに掲げ，世界的なイニシアティブである Access Accelerated [2] に発足当初から賛同している。Access Accelerated とは，2017 年にグローバル製薬企業 20 数社と国際機関である世界銀行などが協働で発足した，Public Private Partnership の一環として，途上国での感染症以外での医療アクセスを向上させるための支援の連携である。これは，国連の持続可能な開発目標（SDGs）の目標 3 "全ての人々に健康と福祉を" の達成につながる取り組みである（1 章 2 節 1 参照）。

　NPO の一つである特定非営利活動法人ピープルズ・ホープ・ジャパン（PHJ：巻末付録参照）は，2003 年以来カンボジアの農村部に事務所を設け，妊産婦を対象とした母子保健改善プログラムを実施してきた。2016 年，妊産婦のみならず乳幼児に対象を広げたより包括的な新しいプログラムの企画を進め，2 歳までの子ども [注1] が十分なケアが受けられるような支援環境を作ることを目標としていた。

　大日本住友製薬は，以前から PHJ の活動全般に継続的に支援をしていたこともあり，この新しいプログラムの紹介や提案を受けた。そして大日本住友製薬と NPO の双方の長期的視野を見据えたプログラム育成の想いも重なり同年から支援が始まった。"地域の医療アクセスを向上させたい" という想いを企業と NPO の間で共有しつつ，現地では保健センターと地域住民とのつながりを強化

（注 1 ）　妊娠してから 2 歳までの 1000 日の栄養や健康状態が子どもの生涯の健康を左右するという説があるため。慢性疾患の予防にも重要な時期である [5]。

促進する活動を実施した。

　具体的活動として，地域のボランティア人材の育成とその家庭訪問による医療アクセスの促進を含む保健衛生普及活動，栄養指導教室の開催，保健センターでの子どもの成長モニタリングと栄養状態のスクリーニングや予防接種の促進が行われた。さらには，大日本住友製薬のネットワークを活用することで日本の小児科医監修のもと，子どもの成長発達に関する保健衛生教材が作成された。これらの活動評価に基づいて，大日本住友製薬は当初予定の3年間以降も支援を継続し，保健センターと地域住民が協働し自立した活動が展開できることを目指している。

　このプログラムは，『カンボジアの子どもの成長支援事業』として，Access Accelerated賛同企業の成果として報告された[3][4]。世界各国での大規模プログラムも多く報告された中で，現地に根差した有効な活動として高く評価され，2018年には，ベストプラクティスの一つに選ばれた。

2節　企業の途上国でのCSRのコツ

【Keywords：コラボレーション，CSR戦略】

i）企業と支援団体とのコラボレーションで目指すこと

　企業の社会貢献は，各企業それぞれ持てる人材・資金などの資源により規模や取り組みの深さが異なる。企業独自のプログラムでない場合，趣旨に合った支援団体と**協働**（コラボレーション：collaboration）する方法がある[1][2][3]。

　しかし，企業の趣旨目的を重視するあまり，現地のニーズを無視して，企業が求める支援活動を推し進めるようなことになっては，支援団体の活動理念が損なわれてしまう危険性がある。現地のニーズに即して，企業と支援団体の双方にとって共有できる価値を見出すためには，**対話の継続**がコツとなる。対話をしながら，双方の心に響くポイントを探ることが良いコラボレーションへの入口となる。

　支援団体の活動理念や具体的な支援プログラムが企業の**CSR戦略**と方向性が一致していれば，さらに前に進める可能性が出てくる。対話を通じて一緒に企業の模索する社会貢献テーマ，支援団体とのニーズの接点を探るプロセスを経て信頼関係を構築することが重要である。接点が見つかれば，具体的な企業プロボノ支援の活用など連携実績を重ねることで，BOPビジネスの創造といったさらに高いハードルも共に超えて可能性も広がるだろう（7章1節参照）。上記の

ような連携促進の動きを支援した団体のウェブサイトに記載されている事例[1]
を参考にするとよいだろう。

ii) 支援団体の活動の強みを活かした企業とのコラボレーション

　途上国で支援活動を効果的なものにするには地域文化，社会制度やニーズな
どを個人，組織，行政なども巻き込み，伴走する中で時間をかけて把握しなが
ら，活動を展開していく必要がある。これらには現地に拠点を置き，困難に共
に立ち向かい活動するという日々の誠実な行動の積み重ねによる地域の人々と
の信頼関係の構築が欠かせない。このような現地密着型の**支援団体の強み**を活
かしたコラボレーションで，企業の社会貢献は，確かな成果を生み出すことが
可能である。

Column18　CSR への想い

　グローバル化が進展する中，大きな影響力を有するようになった企業に
は，事業活動が社会に与える負のインパクトの最小化と正のインパクトの
最大化が求められています。例えば，環境に与える影響を把握し，低減に
向けての活動を推進するとともに関連情報を正しく開示していかなければ
なりません。同時に自社の事業を通じて行う社会への貢献を SDGs という
共通言語でとらえ訴求していくことも，さまざまなステークホルダーの理
解と支持を得るためには大変重要となっています。

　CSR がカバーする領域は広く，活動も多岐にわたります。推進するうえ
で，常に忘れないようにしていることがあります。『ハチドリのひとしず
く』というお話をご存知ですか？　森で起きた火事を消そうと，他の動物
たちがあきらめて見物する中，小さな体で水を一滴ずつ運ぶハチドリのお
話です。"私"ひとりが何をしたところで"焼け石に水だから役にも立た
ない"と，投げ出すことは簡単です。しかしこの世の中はひとりの"私"
の集合体で構成されています。企業も同じです。火事を消すために水を運
ぶハチドリのように，明確な目標をもって愚直に活動を進めること，私が
常に心がけていることです。

（木村純子）

参考：『ハチドリのひとしずく　今，私にできること』
　　　（辻信一監修，光文社，2005）

第8章

大学の途上国への
国際支援・協力

1節　グローバルな視点での教育

【Keywords：多文化共生社会，グローバル人材，グローバル教育】

i）大学におけるグローバル教育が必要となった背景

　加速するグローバル化に伴い，ヒト，カネ，モノ，情報のボーダレスな移動が人々の生活に大きな影響をもたらした結果，環境問題や格差が拡大している。日本国内にもグローバル化はあり，外国にルーツを持つ人々や海外からの労働者が増加し多文化共生社会への取り組みが課題である。

　国際協力活動，在日外国人の支援をするには，グローバル人材を養成することが求められている。産官学連携推進会議はグローバル人材を"世界的競争と共存が進む現代社会において，日本人としての文化的なアイデンティティを持ちながら，広い視野に立って培われる教養と専門性，異なる言語，文化，価値を乗り越えて関係を構築するためのコミュニケーション能力と協調性，新しい価値を創造する能力，次世代までを視野に入れた社会貢献の意識などを持った人間である"と定義している[1]。グローバル教育では，差別や偏見なく異文化を理解，受容し，対等なパートナーシップのもと，共に学び合うことで新たな価値を創造し，継続的な発展を志向する人材の養成が求められている。

ii）高等教育に求められる改革と目標

　文科省はグローバル人材の育成に向けて，大学などの高等教育に対し，①国際的な通用性を確保し，魅力ある教育を提供する，と②大学自体がグローバル化するの2つを求めている[1][2]。①のために，教育の質保証の取り組み国際標準化，大学プロファイルの作成/公表などによる大学の使命の明確化，効果的な教育方法（tutorial, e-learning, Team Based Learning, Problem Based Learningなど）の活用，教員の指導力強化や教育達成度を測る手法確立などのFaculty Development（FD）の実施推進が必要である。

②に対応した体制整備，世界各国の優秀な外国人教員の雇用の推進，魅力あるグローバル教育プログラムの開発，９月入学など柔軟な入学時期の設定，外国語コースの設定や外国語による授業の推進，海外の大学との連携教育プログラムの研究・開発，帰国子女枠や長期留学経験者枠など特別枠の設定を求めている。

iii）実際の取り組み

米国，モンゴル，日本の３か国による国際協働オンライン学習プログラム（Collaborative Online International Learning ＝ COIL）[3]を紹介する。これは，人間の安全保障と多文化共生の観点から，国際社会における課題を発見，解決に貢献できる人材育成を目指している。プログラムの導入により，①経済的理由や大学の履修カリキュラムの関係上，留学機会が得にくい学習者への教育機会の提供，②文化的背景の異なる多様な学習者が協働学習を行うことにより，課題に対する多面的な理解や複眼的な思考力の習得，③相手先からの映像や双方向コミュニケーションを利用した効果的な学びを可能にすることを目指している。COIL により通常の授業時間内で国際協働学習を経験することができる。

例えば，共通する健康問題（例：若者への性教育と避妊行動，経済と健康の格差，終末期医療におけるモラル・ディストレス）について，各国の大学がプレゼンテーション，質疑を行う参加型の授業を行っている。“途上国（裨益者）”と“先進国（援助者）”という従来の枠を超えた，対等なパートナーシップの下に学びを分かち合い，問題に取り組んでいる。地球規模で共通する問題について背景を多面的にとらえ，異なる保健医療システム，法的規制，文化や価値観を背景にもった相手にわかりやすく伝え，ディスカッションを通して問題解決の糸口や共通した課題を探る刺激的な学びの場となっている。３か国の参加学生の満足度は非常に高く，今後もケース・スタディによる学びや途上国への合同スタディ・ツアーなど，さまざまな共学の展開が期待されている。

2節　途上国へのスタディ・ツアー

【Keywords：スタディ・ツアー，フィールドワーク，ワークショップ】

i）途上国へのスタディ・ツアーとは

途上国への**スタディ・ツアー**（study tour）は，７〜 10 日間程度の日程で，支援活動の現場などを訪問して研修するもので，現地社会や支援活動について実際に肌で触れて理解してもらうことを目的としている。国際協力 NPO・NGO

などが直接企画したり，それらの支援団体の協力で旅行会社が企画したりすることが多いが，大学が授業の一環として企画するものもある。

ii）途上国へのスタディ・ツアーの内容

実際のツアーの内容は，それぞれのツアーによってさまざまである。国際協力 NPO・NGO が実施する場合，現地を訪ねて**住民と交流**するだけでなく，現地での**ワークショップ**の実施や観光を組み込むこともある。

大学が企画する場合，その授業のねらいをもとに事前学習・事後学習と組み合わせて，**理解の深化**を図るものが多い。内容としては，ワークショップや見学に加えて，**フィールドワーク**などの調査や，現地学生との**交流**を組み込むこともある。

iii）埼玉大学でのカンボジア・スタディ・ツアーの例

埼玉大学では，2010 年より学部 1・2 年の学生を主な対象に，授業『異なる文化と出会う』の一環としてスタディ・ツアーを企画している。これは，"日常とは異なる世界に生きる人たちと接することを通じて，自分たちの生活を相対化してもらう"ことを目的に，NPO の協力にてカンボジアで実施しているものである。

出発前に事前学習として，日本で 2 日間，カンボジアの歴史・文化と国際協力の基礎についての講義を行い，それに基づいて農村での**フィールドワーク**（聞き取り調査）の計画を立てている。調査では，リプロダクティブ・ヘルス，生計戦略，出稼ぎなど，毎年異なる**テーマ**を設定し，日々の生活の問題や考え方を聞いて理解することを目的としている。さらに現地フィールドワークに向けて，協力 NPO の現地事務所に，調査地とインタビューに応じてくれる人の選定，通訳の手配などを依頼している。

カンボジアでは農村での聞き取り調査を二日間行い，加えて歴史と文化の理解のために，虐殺博物館や世界遺産であるアンコールワット遺跡の見学（観光ともいうが）を組み込んでいる。また，調査成果を現地へ還元するために，調査終了時には現地の人々の前で成果報告を行い，帰国後は事後学習として調査結果を報告書にまとめ，協力 NPO の活動の基礎資料としてもらっている。

1991 年まで内戦が続き，近隣諸国より遅れて経済発展が始まったカンボジアであるが，首都プノンペンは今ではすっかりおしゃれな現代都市となり，学生たちも「なんだ，東京と同じじゃん」とあまり驚かない。しかし，農村に行けばまだまだ貧しい家が多いことに気づく。当初は"途上国＝貧しい＝かわいそ

カンボジア・スタディ・ツアーの様子

う”という単純なイメージを持っている学生たちも，実際に農村を歩いて人々の暮らしを調査していくうちに，そこに暮らす子ども達や人々の逞しさや生き生きと輝く笑顔に接し，自らの内側に潜む“貧困”への偏見に気づいていく。見知らぬ農村でのインタビューでは，初日は学生たちも慣れない英語でオドオドし，何を聞けばいいかわからない様子だが，2日目には，積極的に質問をするようになるなど，その成長に驚かされる。たった数日では現地の人々との交流には限界はあるが，今まで参加した学生の中には，カンボジア研究を志した者や国際協力分野に就職した者もいる。

iv）スタディ・ツアーへの参加の方法

国際協力NPO・NGOなどの支援団体により企画されるものは，それぞれに多様な目的があるので，自分に合ったものを各団体のHPなどにより確認するとよいだろう。大学で企画されるものは，大学外部からは応募できないかもしれないが，国内での事後報告会や大学院生として参加可能なこともあるので，研究室に問い合わせてみるのも一案である。

Column19　スタディ・ツアーで学んだことと今

　大学4年生の頃，先輩からカンボジアへのスタディ・ツアーを伴う授業が面白かったという噂を聞き，東南アジアに行ってみたいという漠然とした好奇心から参加しました。ツアーの目玉であった農村でのフィールドワークでは，事前学習で準備したものの“現地の文脈に沿った質問”が上手くできませんでした。ツアーの中で現地の生活を肌で感じ理解したことをもとにギリギリまで修正に取り組み，難しさを感じました。このような当時の

悔しさが, 現在の博士課程への進学やカンボジア研究につながっています。

今でもフィールドワークの難しさを感じつつ研究をしていますが, 当時の自分と比べて成長したこともあります。スタディ・ツアーの時, 先生が「こういうのは食べなきゃ」と笑いながらタランチュラの揚げ物を勧めてきました。その時はどうしても食べられませんでしたが, 今では「この食感が良い」と言えるくらいには現地に馴染んでいます。

(中野惟文)

3節　途上国の研究者支援

【Keywords：パートナーシップ, ICT】

i) 途上国の研究者達が抱える3つの壁

途上国の研究者達には, 3つのアクセスへの壁が存在する。世界の研究者が交流する学術界（academic society）へのアクセスへの壁, 研究の企画・遂行のために必要な資源へのアクセスへの壁, 研究者としての継続教育へのアクセスへの壁である。現代において, 世界中どこにいてもつながる SNS やリアルタイムでの情報交換ができる ICT の発展は, 途上国で生じる壁を解消することにつながる。

ii) 大学の研究機関・教育機関としての役割

まず, 大学の研究機関としての役割として**研究者間のコミュニケーション促進**が挙げられる。途上国にいる研究者（もしくは研究を志す者）が他国の研究者達との交流ができたり, 国際的な学会などのメンバーシップを持てるような支援が求められている。現在では共用語として英語でのコミュニケーションがなされ, さらにオンラインでの学術集会の開催も盛んとなっている。途上国の研究者達を含む公平な参加を保障するために, 参加費や会費の"壁"への配慮が望まれている。

また, 途上国では, 資金や設備, 技術などの不足があり, 研究を企画, 遂行するうえでの"壁"がある。自国の課題を自国の研究者が中心となって探究することへの支援, もしくは国際研究プロジェクトに参加する機会への支援は, 共同研究による**パートナーシップの構築**が実現し, SDGs が掲げる"誰も置き去りにしない"理念（1章2節1参照）とともに国際社会の発展へ共に寄与できるだろう。

　さらに，大学の教育機関としての役割として途上国の**研究者の育成**がある。日本においても留学生を積極的に受け入れている大学もあり，多くの研究者が輩出されている。しかしながら，卒後，自国での教育や学習の継続には，"壁"がある。留学の機会に恵まれ卒業した人材が海外に流出したままにならず，自国の発展のために，また自国の研究者の育成に寄与できるような発展的な展望も視野に入れた支援が望まれている。

Column20　未来の人財へ

　ほんの一歩踏み出すだけで，芋づる式に世界は一気に拡がります。その世界には，生まれや育った国や地域は違えども，同じ"想い"や多彩な能力を持つ人々との素晴らしい出会いが待っています。

　昨今，急速に広まったオンライン・ツールでいつでもつながって，その存在を常に身近に感じることができるようになりました。情報は常に世界中に共有されていて，自分が居る場所で大きな災害や事件などがあると，世界中のあちらこちらから「大丈夫？」「元気？」というメッセージが届きます。ひとりでは，悲観的になりそうだった心が温まります。

　これまで出会ってきた人々との出逢いがあって今の自分の存在があります。解決すべき沢山の課題がありチャレンジングな世の中ですが，人と人とがつながって力を合せれば，解決できないことはないと思えてきます。一人ひとりがあきらめずに継続して努力する姿は，きっと未来の人財へとつなぐバトンになるのだと思います。

（岡本美代子）

あとがき

　途上国では，インフラもままならない埃っぽい現場で限られた人員にもかかわらず多様な知識とスキルが要求されます。そこに勇気を持って臨んでいく一人ひとりに，同士として心からの賛辞を贈りたいと思います。特に，初めの頃は，想像を超える初めての体験の数々，エンドレスな業務量，遅々として進まない計画に悩まされるでしょう。本書は，その悩みを少しでも減らせるような"転ばぬ先の杖"になりたいとの"想い"から生まれました。その悩みのどれもが現場を知るベテランの同士たちが苦労しながら経験してきたことであり，"途上国あるある"として共有するものです。「言うは易し」というように，なかなか基本どおりとは行かず臨機応変でやりすごさないとならない日々が多くあることでしょう。

　特に，医療や教育，農業など，専門の知識や技術を持つ人達は，自分達がこれまで深く学習や経験をしてこなかった，幅広い運営や事務的な業務に携わる必要もあるかもしれません。その際には，「これは，自分の専門（業務）ではないかも」と，戸惑うかもしれません。小規模な団体では，限られた人材で事務的な業務を分担や管理することになるだろうし，大規模な団体においても事務的な業務は，専門的な活動に欠かせない礎（いしずえ）と気づくことでしょう。要するに，この本に書かれてある多くの事務的な業務を理解することは，効果的な活動へのカギとなるのです。メンバーがお互いの役割に線引きをしすぎることなく，理解し協力し合うことが，より良い成果につながることでしょう。

　こうやって苦労したとしても，活動後に目に見える成果は偶然の産物かもしれず，将来的に実現される成果もまた，もはや皆さんの一時的な活動がもたらしたものではないかもしれません。でもそこには確かに現地の人々がやり遂げた成果があることに気づくでしょう。成果とは，種から育てた樹の果実のようなもので，種から芽が出て，苗が若木となり，葉を茂らせ，花が咲き，実がなるのは遠い先の話です。国際協力の活動は，この地で芽が出るかどうかもわからなくても種を撒き，水や肥料の加減を考え愛情を込めて樹を育てることと似ています。

　その活動の一端に関わったことから得られる経験は，人としての寛容さ，視

野の広さや確かな自信といった自身の成長，心が通う仲間達など，これからの人生においてかけがえのない財産となるでしょう。

　本書の執筆にあたっては，執筆者の皆さんと編著者の協働作業で進めてきました。豊富で多彩な知識を本書の趣旨により大幅にカットさせて頂いたところも多くあります。その多くが深い専門的な知識でした。そのため，出典として参考文献一覧に載せることで割愛させていただいています。

　なお，1章から6章の各1節目に登場する主人公の「里桜さん」は実在する人物ではありませんが，彼女の周囲に現れる温かくそしてユニークな人物は，本人の許可を得て実在する名前で登場しています。そのキャラクター設定はフィクションということにしておきましょう。

　最後になりましたが，遠見書房の駒形さんには，その出会いから迅速にこの長年温めてきたアイデアが本になるまでを温かくサポートしていただきました。執筆者一同を代表して，心より感謝いたします。

2021年8月　編著者

カンボジアの民族衣装を着る里桜さん

付録　PHJ とは

　特定非営利活動法人ピープルズ・ホープ・ジャパン（PHJ）はアジアの途上国の人々の自立に向けて保健・医療の教育を中心とした支援活動に取り組む国際協力 NGO です。主に母子保健分野において継続的な教育支援活動を行っています。また，日本国内外において健康・保健・医療関係の災害支援も行っています。

PHJ の目指していること

　"すべての人が健康で希望をもってくらせるように" を理念として，世界各国の人々に対して，健康及び医療環境の改善と向上に関する事業を行い，国際協力に寄与することを目的としています。具体的には，自立しようとするアジアの人々が健康に暮らせるように保健・医療環境の向上にむけて教育を中心として自立支援を行うことを使命としています。

運営基本方針
1．人間の尊重
2．良質な活動
3．中立性
4．基金の効率活用

カンボジアの洪水被災地の母子

妊婦健診をするミャンマーの助産師

持続可能な開発目標（SDGs）とPHJの取り組み

　PHJの母子保健改善に焦点をあてた事業は，2015年に国際社会が定めた2030年までに達成する持続可能な開発目標（SDGs）のゴール3（すべての人に健康と福祉を）にそのまま合致するものです。私どもの活動はゴール3にフォーカスされますが，SDGsの17目標中，ゴール5（ジェンダー平等とすべての女性と女児の能力強化），ゴール6（安全な水とトイレを世界中に），ゴール17（パートナーシップで目標を達成しよう）も関連するものです。

　PHJは米国に本部を置く国際NGO Project HOPEの日本法人として設立された国際保健医療支援団体です。1999年に特定非営利活動法人の認証を受け，2001年には認定NPO法人第一号となりました。そして2006年，Project HOPEとの協力関係を維持しながら，『ピープルズ・ホープ・ジャパン』として独立し，2017年1月に創立20年を迎えました。

（南部道子・矢﨑祐子）

特定非営利活動法人（認定NPO法人）
　ピープルズ・ホープ・ジャパン
〒180-8750　東京都武蔵野市中町2-9-32
PHJホームページ：https://www. ph-japan. org/
TEL: 0422-52-5507/FAX: 0422-52-7035
Email：info@ph-japan. org

←是非,私達のホームページを訪れてみてください。

引用文献・参考資料一覧

1章2節1）

1）国際連合広報センター　国際連合憲章　https://www. unic. or. jp/info/un/charter/

2）外務省 HP　国連とは　https://www. mofa. go. jp/mofaj/fp/unp_a/page22_001254. html

3）日本ユニセフ協会　ユニセフと日本　https://www. unicef. or. jp/kodomo/teacher/pdf/an/an_00. pdf

4）tryit　国際連合のしくみ　https://www.try-it.jp/chapters-3494/lessons-3502/point-3/

5）杉下智彦（2019）持続可能な開発目標（SDGs）の背景と国際展開―グローバル・ヘルスと健康の社会デザイン. 保健医療科学，68 (5), 372-379.

6）国連広報局（2010）国連のここが知りたい　https://www. unic. or. jp/files/about_un. pdf

7）D・H・メドウズ，D・L・メドウズ，J・ランダース，W・W・ベアランズ三世（大来佐武郎監訳，1972）成長の限界―ローマ・クラブ「人類の危機」レポート. ダイアモンド社.

1章2節2）

1）経済産業省　OECD　https://www. meti. go. jp/policy/trade_policy/oecd/index. html

2）外務省　2018 年版開発協力白書　DAC ODA 受取国リスト　https://www. mofa. go. jp/mofaj/gaiko/oda/press/shiryo/page22_001144. html

3）United Nations　Department of Economic and Social Affairs Economic Analysis（2021）Least Developed Countries (LDCs).

4）UNCTAD（2021）後発開発途上国のマップ　https://unctad.org/topic/least-developed-countries/map

5）政府開発援助大綱　外務省　https://www.mofa.go.jp/mofaj/gaiko/oda/about/kaikaku/taikou_minaoshi/index.html

6）独立行政法人国際協力機構　ODA と JICA　https://www. jica. go. jp/aboutoda/jica/index. html

1章2節3）

1）外務省 HP　国・地域　https://www. mofa. go. jp/mofaj/area/index. html

2）the world factbook　CIA　https://www. cia. gov/library/publications/resources/the-world-factbook/

3）WB　Databank　https://databank. worldbank. org/databases/page/1/orderby/popularity/direction/desc?qterm=Health％20in％20national％20expenditure

4）WHO　World Health Statistics　https://www. who. int/gho/publications/world_health_statistics

5）UNESCO　Education for All Global Monitoring Report　https://en. unesco. org/gem-report/report/2015/education-all-2000-2015-achievements-and-challenges

6）the world factbook　カンボジアの人口ピラミッド 2019　https://www.cia.gov/the-world-factbook/countries/cambodia/#people-and-society

1章2節4）

1）M・マーモット（栗林寛幸監訳，野田浩夫ら訳，2017）健康格差―不平等な世界への挑戦．日本評論社．（Marmot, M.（2015）The Health Gap: The Challenge of an Unequal World. Bloomsbury Pub Plc USA）

2）WHO　https://www. cia. gov/library/publications/resources/the-world-factbook/

1章2節5）

1）リチャード・スコルニク（木原正博，木原雅子監訳，2017）グローバルヘルス―世界の健康と対処戦略の最新動向．メディカル・サイエンス・インターナショナル．

2）外務省　万人のための質の高い教育，分野をめぐる国際潮流　https://www. mofa. go. jp/mofaj/gaiko/oda/bunya/education/index. html

3）M・マーモット（栗林寛幸監訳，野田浩夫ら訳，2017）健康格差―不平等な世界への挑戦．日本評論社．（Marmot, M.（2015）The Health Gap: The Challenge of an Unequal World. Bloomsbury Pub Plc USA）

1章2節6）

1）IDE-JETRO　https://www.ide.go.jp/Japanese/Research/Theme/Soc/Gender.html

2）UNFPA（2017）UNFPA Engagement in Ending Gender-based Violence.　https://www. unfpa. org/resources/unfpa-engagement-ending-gender-based-violence

3）WB　Violence against women and girls (VAWG)　https://www.worldbank.org/content/dam/Worldbank/document/Gender/VAWG%20Resource%20Guide%20Introduction%20July%202014.pdf

4）WHO（2020）Caring for women subjected to violence: A WHO curriculum for training health-care providers.　https://www. who. int/reproductivehealth/publications/participants-handouts. pdf

5）UN Refugee Agency　https://www.unhcr.org/

1章2節7）

1）広辞苑第7版（2018）岩波書店．

2）ベルモント・レポート（津谷喜一郎・光石忠敬・栗原千絵子訳，2001）ベルモント・レポート．臨床評価，28巻3号，559-568頁．

1章3節1）

山本敏晴（2006）世界と恋するおしごと―国際協力のトビラ．小学館．

1章3節2）

1）C・G・ヘルマン（辻内琢也，牛山美穂，鈴木勝己，濱雄亮監訳，2018）ヘルマン医療人類学．（第1章　医療人類学の視座）．金剛出版，pp.4-6.（Helman, C.G.（2007）Culture, Health and Illness, Fifth Edition. CRC Press LLC.）

2）山下晋司，船曳建夫編（2008）文化人類学キーワード　改訂版．有斐閣．

1章4節
1）外務省ウェブサイト　https://www.mofa.go.jp/mofaj/
2）JICA 国際協力機構ウェブサイト　https://www.jica.go.jp/index.html
3）内閣府 NPO ホームページ　https://www. npo-homepage. go. jp/
4）国際連合広報センターウェブサイト　https://www.unic.or.jp/
5）文部科学省　産学連携によるグローバル人材育成推進会議　https://www. mext. go. jp/ a_menu/koutou/shitu/sangaku/1301460. htm
6）文部科学省　持続可能な開発のための教育（ESD）　https://www. mext. go. jp/ unesco/004/1339970. htm

2章2節1）
1）和田信明，中田豊一（2010）途上国の人々との話し方―国際協力メタファシリテーションの手法．みずのわ出版.
参考）池田理知子，塙幸枝編（2019）グローバル社会における異文化コミュニケーション―身近な「異」から考える．三修社.

2章2節2）
1）外務省　国・地域　https://www. mofa. go. jp/mofaj/area/index. html
2）The World Bank　https://www.worldbank.org/en/home
3）the world factbook　CIA　https://www. cia. gov/library/publications/resources/the-world-factbook/

2章2節3）
1）Transparency International　https://www. transparency. org/en/cpi#
2）United Nations Global Compact　https://www. unglobalcompact. org/what-is-gc
3）グローバル・コンパクト・ネットワーク・ジャパン　http://www. ungcjn. org/gc/index. html

2章2節4）
1）厚生労働省（2019）国民生活基礎調査.　https://www.mhlw.go.jp/toukei/saikin/hw/k-tyosa/k-tyosa19/index.html
2）The World Bank　Poverty　https://www. worldbank. org/en/topic/poverty/overview

2章2節5）
1）綾部恒夫，桑山敬己編（2010）よくわかる文化人類学　第2版．ミネルヴァ書房（p.6 文化とは何か，p.198 文化人類学とフィールドワークの関係）.
2）岸政彦，石岡丈昇，丸山里美（2016）質的社会調査の方法―他者の合理性の理解社会学．有斐閣ストゥディア.

2章3節1）
1）外務省　海外安全ホームページ：テロの特徴と対処方法　https://www.id.emb-japan.go.jp/tero_taisho.pdf
2）Penn State University Police and Public Safety　https://www. police. psu. edu/run-hide-fight-surviving-active-attacker
3）FBI　テロ遭遇時の対処方法（ビデオ）　https://www. fbi. gov/about/partnerships/

office-of-partner-engagement/active-shooter-resources

4）外務省　ゴルゴ13の中堅・中小企業向け海外安全対策マニュアル　https://www. anzen. mofa. go. jp/anzen_info/golgo13xgaimusho. html

5）菊池朋之（2017）NBC 災害と CBRNE 災害．リスク管理 Navi　https://www.newton-consulting.co.jp/bcmnavi/column/20170607_nbc_and_cbrne.html

6）外務省　旅レジ　https://www. ezairyu. mofa. go. jp/tabireg/agree. html

7）JICA　安全対策訓練・研修　https://www. jica. go. jp/about/safety/training. html

8）ニュートン・コンサルティング　リスク管理 Navi　https://www.newton-consulting. co.jp/bcmnavi/

参考）海外法人安全協会　http://www. josa. or. jp/travel/manual/emergency. html

2章3節2）

1）厚生労働省検疫所 FORTH　https://www. forth. go. jp/index. html

2）国立国際医療研究センター国際医療協力局（NCGM）　http://kyokuhp. ncgm. go. jp/index. html

3）日本渡航医学会　https://plaza. umin. ac. jp/jstah/index2. html

4）世界保健機関（WHO）　https://www.who.int/

5）米国疾病予防管理センター（CDC）　Travelers" health　https://wwwnc. cdc. gov/travel/destinations/list/

2章3節3）

1）Keystone, J., Freedman, D. O., Kozarsky, P., Connor, B., & Nothdurft, H.（2013）Travel medicine 3rd edition. Saunders.

2）近利雄，三島伸介（2017）トラベル＆グローバルメディスン―渡航前から帰国後・インバウンドまで. 南山堂.

3）厚生労働省検疫所 FORTH　旅行前の準備　https://www. forth. go. jp/useful/attention/03. html

2章3節4）

1）近利雄，三島伸介（2017）トラベル＆グローバルメディスン―渡航前から帰国後・インバウンドまで. 南山堂.

2章3節5）

1）WHO（2002）World Report on Violence and Health　https://apps. who. int/iris/bitstream/handle/10665/42495/9241545615_eng. pdf?sequence=1

2）WHO（2013，日本語版 2014）親密なパートナーからの暴力，または性暴力を受けた女性のためのヘルスケア　臨床ハンドブック. 一般社団法人日本 PCIT 研修センター　https://apps. who. int/iris/bitstream/handle/10665/136101/WHO-RHR-14. 26-jpn. pdf?sequence=8

2章3節6）

1）United Nations（2018）Office on Drugs and Crime　https://www.unodc.org/

2章3節7）

1）兵庫県こころのケアセンター（2009）サイコロジカル・ファーストエイド実施の手引

き　第2版.

2章5節4）

1）佐原隆幸，徳永達己（2016）国際協力アクティブ・ラーニング．弘文堂．

2章6節1）

1）森時彦（2008）ファシリテーターの道具箱．ダイヤモンド社．

2章6節2）

1）B・C・ミラー（富樫奈美子訳，2015）2人から100人でもできる！　15分でチーム
ワークを高めるゲーム39．ディスカヴァー・トゥエンティワン．

2）内藤知佐子，宮下ルリ子，三科志穂（2019）学生・新人看護師の目の色が変わるアイ
スブレイク30．医学書院．

3）川喜田二郎（1970/1994）続・発想法　KJ法の展開と応用　第47版．中央公論社．

4）中嶋秀隆監修，中憲治著（2018）プロジェクトマネジメント実践編　第3版．総合法
令出版．

5）谷口貴彦（2009）ザ・コーチ―最高の自分に出会える「目標の達人ノート」．プレジ
デント社．

6）JICA（2004）プロジェクト評価の手引き　https://openjicareport.jica.go.jp/
pdf/11747086.pdf

7）国際開発高等教育機構（2007）PCM開発援助のためのプロジェクト・サイクル・マネ
ジメント　改訂版．

8）PCM Tokyoグループ（2004）PCMハンドブック　http://www.pcmtokyo.org/modules/
tinyd2/index.php?id=5

9）International Institute for environment for development (iied)　Participatory Learning
and Action (PLA)　https://www. iied. org/participatory-learning-action-pla

10）Pretty, J. N., Guijt, I., Thompson, J., & Scoones, I.（1995）Participatory Learning and
Action: A Trainer's Guide, International Institute for Environment and Development. iied
publications library.

11）佐原隆幸，徳永達己（2016）国際協力アクティブ・ラーニング．弘文堂．

12）R・チェンバース（野田直人監訳，2002）参加型ワークショップ入門．明石書店．

13）市毛恵子（2002）カウンセラーのコーチング術．PHP研究所．

14）和田信明，中田豊一（2010）途上国の人々との話し方―国際協力メタファシリテーシ
ョンの手法．みずのわ出版．

15）中田豊一（2015）対話型ファシリテーションの手ほどき．ムラのミライ．

4章2節1）

1）DHS Program　https://dhsprogram.com/

4章2節2）

1）JANIC　https://www. janic. org/

2）P・F・ドラッカー（上田惇生編訳，2001）マネジメント― 基本と原則．［エッセンシ
ャル版］ダイヤモンド社．

4章3節1）
1）@ IT（2015）初めてのガントチャート https://www. atmarkit. co. jp/ait/articles/1504/24/news005. html

4章3節3）
1）OECD Evaluation criteria https://www.oecd.org/dac/evaluation/daccriteriaforevaluatingdevelopmentassistance.htm

5章2節4）
1）茂木寿（2004）海外出張駐在員テロ対策ガイド. TRC EYE, 48. 東京海上リスクコンサルティング. https://www. tokiorisk. co. jp/publication/report/trc-eye/pdf/pdf-trc-eye-048. pdf

7章1節
1）JETRO BOP ビジネスとは https://www. jetro. go. jp/theme/bop/basic. html
2）Access Accelerated（2019）Access Accelerated in Action, Key learnings in program design & implementation. https://globalhealthprogress. org/wp-content/uploads/2019/05/Access-Accelerated-in-Action. pdf
3）Access Accelerated Year One Report 2017. https://accessaccelerated. org/wp-content/uploads/2020/04/Access-Accelerated-Year-One-Report. pdf
4）Access Accelerated Year Two Report 2018 https://accessaccelerated. org/wp-content/uploads/2020/04/Access-Accelerated-Year-Two-Report. pdf
5）1000 Days https://thousanddays. org/

7章2節
1）NGO と企業の連携推進ネットワーク 連携するには https://www.janic.org/ngo_network/howto/
2）日本 NPO センター 企業の方へ（NPO との連携・協働） https://www. jnpoc. ne. jp/?page_id=14170
3）SDGs ジャパン partnership https://www. sdgs-japan. net/partnership

8章1節
1）文部科学省 産学連携によるグローバル人材育成推進会議（2011）産学官によるグローバル人材の育成のための戦略. https://www.mext.go.jp/a_menu/koutou/shitu/sangaku/1301460.htm
2）文部科学省（2018）2040 年に向けた高等教育のグランドデザイン. https://www. mext.go.jp/b_menu/shingi/chukyo/chukyo0/toushin/1411360.htm
3）上智大学 大学の世界展開力強化事業〜 COIL 型教育を活用した米国等の大学間交流形成支援〜（COIL） https://www. sophia. ac. jp/jpn/global/global/sekaitenkai/coil. html

基本用語英和対応表

absolute poverty　絶対的貧困

academic society　学術界

accountability　アカウンタビリティ（説明責任）

base line　ベースライン

Base of the Economic Pyramid: BOP　BOP層（貧困層）

capacity building　人材育成

census　国勢調査

Centers for Disease Control and Prevention: CDC　米国疾病予防管理センター

CIA　中央情報局

collaboration　協働

Communicable Diseases: CD　感染性の病気

Corporate Social Responsibility: CSR　企業の社会的責任

corruption　社会的腐敗

Corruption Perception Index　腐敗認識指数

counterpart　カウンターパート（事業地での対応先である関係機関や協力者）

cover letter　送付状

Creating Shared Value: CSV　共有価値の創造

crisis management　危機管理

culture shock　カルチャーショック

Demographic and Health Survey: DHS　途上国の人口・保健統計

dengue fever　デング熱

developed countries　先進国

developing countries　開発途上国

diarrhea　下痢症

Education for All　万人のための教育

Education for Sustainable Development: ESD　持続可能な開発のための教育

Environment Social Governance: ESG　企業価値の評価指標

ethics　倫理

facilitation　ファシリテーション

FBI　連邦捜査局

Female Genital Mutilation: FGM　女性性器切除

filtering water bottle　フィルター付き水筒

FORTH　厚生労働省検疫所

Gender Based Violence: GBV　ジェンダーに基づく暴力

global poverty line　国際貧困線

GNI per capita　一人あたりの国民総所得

goal tree　ゴール・ツリー

Gross National Income: GNI　国民総所得

handover　ハンドオーバー（プロジェクトの引き渡し）

Health for All　全ての人々に健康を

HIV/AIDS　ヒト免疫不全ウィルス／後天性免疫不全症候群

human rights　人権

ice break　アイスブレイク

Information and Communication Technology: ICT　情報通信技術

institutional memory　組織の経験知

International Organization: IO　国際機関

interview　インタビュー

inventory list　物品目録

Japan International Cooperation Agency: JICA　独立行政法人国際協力機構

key persons　鍵となる人々，キーパーソン

lantern　ランターン（灯り，電灯）

Least Developed Counties: LDCs　後発開発途上国

leaflet　リーフレット

LGBTQs　［性的マイノリティの呼称のひとつ］

Life Expectancy at birth: LE　平均寿命

literacy rate　識字率

logical framework/logframe　ロジカル・フレームワーク

malaria　マラリア

management　マネジメント（管理・運営）

Maternal Mortality Ratio: MMR　妊産婦死亡率

Memorandum of Understanding: MOU　合意書

messiah complex　救世主症候群

Millennium Development Goals: MDGs　ミレニアム開発目標

mission　ミッション（使命）

mosquito net　蚊帳

Non Communicable Diseases: NCD　非感染性の病気

Non-Governmental Organization: NGO　非政府組織

Non-Profit Organization: NPO　非営利組織

non-verbal communication　非言語によるコミュニケーション

Official Development Assistanc: ODA　政府開発援助

OECD　経済協力開発機構

official letter　公式レター

official stamp　団体の印鑑

On the Job Training: OJT　業務中でのトレーニング

ownership　オーナーシップ

Participatory Learning and Action: PLA　参加型アクションリサーチ

People's Hope Japan: PHJ　ピープルズ・ホープ・ジャパン

Post Traumatic Stress Disorder: PTSD　心的外傷後ストレス障害

poverty line　貧困線

poverty rate　貧困率

Project Cycle Management: PCM　プロジェクト・サイクル・マネジメント

Project Design Matrix: PDM　プロジェクト・デザイン・マトリックス

proposal　事業計画書

Public Private Partnership　官民パートナーシップ

recruit　リクルート（人材募集）

relative poverty　相対的貧困

report　報告

request　依頼（依頼書）

result based approach　評価までを想定した計画立案の手法

risk management　リスク管理

Sexual Transmitted Infections: STIs　性感染症

Social Determinants of Health: SDH　健康の社会的決定要因

stakeholders　ステークホルダー（利害関係者）

study tour　スタディ・ツアー

supervision　スーパービジョン（助言や指導）

supportive supervision　サポーティブ・スーパービジョン（支援的なスーパービジョン）

support letter　推薦書

survey　サーベイ

sustainability　サステナビリティ（持続可能性）

Sustainable Development Goals: SDGs　持続可能な開発目標

terrorism　テロ

travel clinic　渡航外来

trial and error　トライアル・アンド・エラー（試行錯誤）

United Nations: UN　国際連合

Under5 Mortality Rate: U5MR　5歳未満児死亡率

UNESCO　国連教育科学文化機関（ユネスコ）

UNICEF　国連児童基金（ユニセフ）

United Nations Global Compact: UNGC　国連グローバル・コンパクト

verbal communication　言語によるコミュニケーション

vision　ビジョン（理念）

WHO　世界保健機関

World Bank　世界銀行

索　引

執筆者・協力者情報一覧

（50 音順：所属は 2021 年 6 月現在）

執筆

石関　正浩：元 PHJ 職員，現・Mercy Relief, Head-International Programmes
　　　　　　5 章 2 節 1-2, 4-5，3 節

石山加奈子：PHJ 職員
　　　　　　2 章 3 節 1（共著）；3 章 2 節 2（共著）

岡本美代子：PHJ 運営委員（2021 年 9 月より理事）/ 順天堂大学医療看護学部・准教授
　　　　　　はじめに，**1 章 1 節**，2 節 1-5，3 節 1，**5 節**，**2 章 1 節**，2 節 2, 3, 4，**5 節 4**，
　　　　　　6 節 1-9，**3 章 1 節**，**4 章 1 節**，4 節 1，**5 章 2 節 6**，**6 章 1 節**，**8 章 3 節**，
　　　　　　Column1, 3, 7, 11, 16-17, 20，あとがき

小田　晋吾：PHJ 理事長
　　　　　　初版によせて

木村　純子：キヤノン株式会社　CSR 推進部部長
　　　　　　Column18

中田　好美：元 PHJ 職員，現在，アフリカにて国際協力関連の業務に従事
　　　　　　1 章 3 節 2，4 節，**2 章 2 節 1, 5**，3 節 8，4 節，5 節 1-3，**3 章 2 節 1, 2**（共
　　　　　　著），3-5 節，**4 章 2-3 節**，4 節 2-3，**6 章 2-3 節**，Column2, 4, 6, 8-10, 12-14

中野　惟文：東北大学大学院文学研究科　人間科学専攻 文化人類学専攻分野　後期課程
　　　　　　Column19

南部　道子：PHJ 職員
　　　　　　付録（共著）

張田　昊君：順天堂大学医療看護学部 3 年
　　　　　　本文挿絵

藤野　康之：PHJ 職員 / 新潟青陵大学看護学部看護学科・非常勤講師
　　　　　　7 章 1-2 節（共著）

三浦　　敦：埼玉大学大学院人文社会科学研究科・教授
　　　　　　8 章 2 節

矢﨑　祐子：PHJ 職員
　　　　　　付録（共著）

山﨑　承一：PHJ 職員
　　　　　　5 章 2 節 3，7 章 1-2 節（共著）

山田久美子：元 PHJ 職員，現・パレクセル・インターナショナル株式会社
　　　　　　5 章 1 節

横尾　　勝：PHJ 職員
　　　　　　Column15

吉野　八重：PHJ 運営委員（2021 年 9 月より理事）/ 上智大学総合人間科学部看護学科・准教授
　　　　　　1 章 2 節 6-7，**2 章 3 節 2-7**，**8 章 1 節**，Column5

表紙写真提供　久保　年弘

協力　岩楯　真緒：順天堂大学医学部付属順天堂醫院看護師
　　　　比嘉　美波：順天堂大学医療看護学部 3 年

編著者紹介
岡本美代子（おかもと みよこ）
順天堂大学医療看護学部・大学院医療看護学研究科・准教授。

徳島県出身。順天堂医療短期大学卒業後，千葉大学看護学部に編入学。卒業後，順天堂大学医学部附属順天堂醫院入職。途上国支援を目指して専門的知識を得るために渡米，Tulane University, School of Public Health and Tropical Medicine にて Master of Public Health（MPH：公衆衛生学修士）を修得。ベトナム保健省，カンボジア保健省とのコントラクト事業にて地方保健行政システムの構築に携わった後，名古屋大学大学院　医学系研究科博士課程へ進学。在席中に，ピープルズ・ホープ・ジャパンの運営委員，テクニカルアドバイザー等を行う（2021年9月より理事）。医学博士を修得し，2015年より現職。現在の専門は，国内外の人々の健康をテーマとする公衆衛生およびグローバルヘルス。

海外で国際協力をしたい人のための活動ハンドブック
事前準備から，現地の暮らし，仕事，危機管理，帰国まで

2021年10月8日　第1刷
2022年4月8日　第2刷

編著者　岡本美代子
発行人　山内俊介
発行所　遠見書房

〒181-0002　東京都三鷹市牟礼6 24 12
三鷹ナショナルコート004
TEL 0422-26-6711　FAX 050-3488-3894
tomi@tomishobo.com　https://tomishobo.com
遠見書房の書店　https://tomishobo.stores.jp

ISBN978-4-86616-130-3　C0036

混合研究法の手引き
トレジャーハントで学ぶ
研究デザインから論文の書き方まで
マイク・フェターズ／抱井尚子編
優れた研究論文を 10 のポイントを押さえて読み解くことで，混合研究法を行うためのノウハウがよく分かる。宝探し感覚で学べる入門書。2,860 円，B5 並

自衛隊心理教官と考える 心は鍛えられるのか
レジリエンス・リカバリー・マインドフルネス
藤原俊通ほか著
この本は，自衛隊という組織で，長年心理教官として活動してきた著者らが「心の強さ」をテーマにまとめたもの。しなやかに，したたかに生きるためのヒントが詰まった一冊。2,420 円，四六並

一人で学べる認知療法・マインドフルネス・潜在的価値抽出法ワークブック
生きづらさから豊かさをつむぎだす作法
（鳥取大学医学部教授）竹田伸也著
認知行動療法のさまざまな技法をもとに生きづらさから豊かさをつむぎだすことを目指したワークを楽しくわかりやすく一人で学べる 1 冊。1,320 円，B5 並

精神の情報工学
心理学× IT でどんな未来を創造できるか
（徳島大学准教授）横谷謙次著
機械は心を癒せるか？──本書は画像処理・音声処理・自然言語処理技術の活用，ネットいじめの社会ネットワーク分析など，心理学と情報工学の融合を見る最先端の心理情報学入門。1,980 円，四六並

ACT マトリックスのエッセンシャルガイド
アクセプタンス&コミットメント・セラピーを使う
K・ポークら著／谷　晋二監訳
本書は，理解の難しい ACT 理論を平易に解き明かし，実践に役立てられる 1 冊で，誰でも明日から使える手引きとなっている。15 種類のワークシートつき。5,390 円，A5 並

定年外科医，海外医療ボランティアへ行く
菅村洋治著
ケニア，パキスタン，エチオピア，ナイジェリア，コンゴ，イランなどでの「国境なき医師団」や日本の海外医療派遣団体への参加体験記など，医療ボランティア活動のエッセイ集。1,650 円，四六並

ママたちの本音とグループによる子育て支援
「子どもがカワイイと思えない」と言える場をつくる
（北星学園大学名誉教授）相場幸子著
子育てに悩む母親のためのグループ支援の活動記録の中から心に残るやりとりを集めた 1 冊。「母親なら子どもためにすべてを犠牲すべき」などの社会の，母親たちの本当のこころ。1,980 円，四六並

ドクトルきよしのこころ診療日誌
笑いと感謝と希望を紡ぐ
（長田クリニック院長）長田　清著
心理療法を学び，悪戦苦闘・右往左往の結果，理想の診療に近づいたドクターと，患者さんたちの人生の物語からなる臨床エッセイ。解決志向ブリーフセラピーと内観で希望を紡ぐ。1,980 円，四六並

世界一隅々まで書いた
認知行動療法・認知再構成法の本
伊藤絵美著
本書は，認知再構成法についての 1 日ワークショップをもとに書籍化したもので，ちゃんと学べる楽しく学べるをモットーにまとめた 1 冊。今日から使えるワークシートつき。3,080 円，A5 並

N: ナラティヴとケア
ナラティヴがキーワードの臨床・支援者向け雑誌。第 13 号：質的研究のリアル──ナラティヴの境界を探る（木下康仁編）年 1 刊行，1,980 円